禪海蠡測語譯 上

南懷瑾 原著／劉雨虹 語譯

南懷瑾文化

作者與南懷瑾先生攝於二〇一二年農曆二月初六

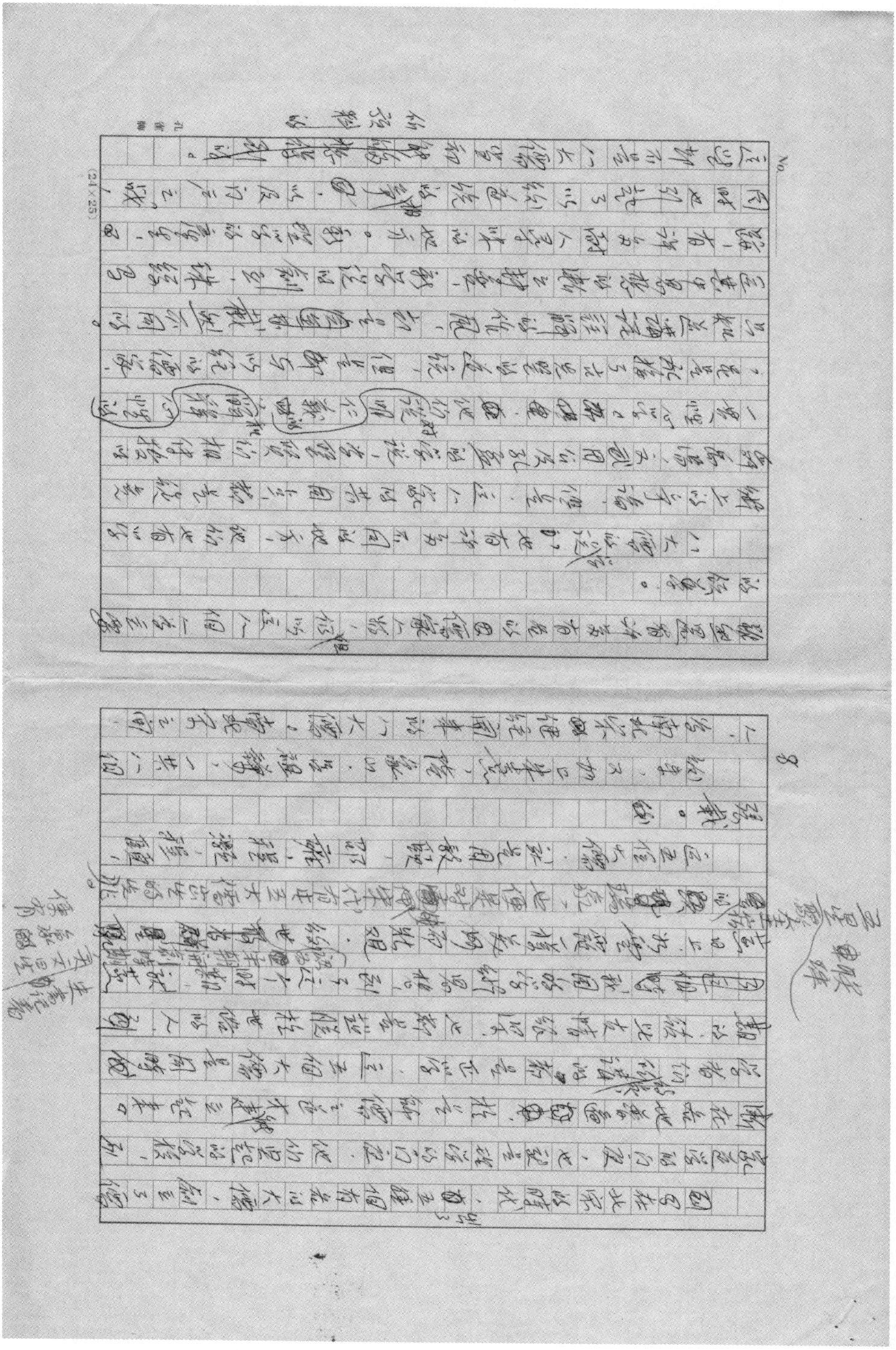

本書經南老師審閱的手寫稿

譯者的話（一）

美國洛杉磯的一位天文學博士方君，在國外學禪有年，一九七五年秋專程來台，參訪南師懷瑾先生，於返美時，帶走了一本《禪海蠡測》。過了一段時間，方君來信說，雖然努力去看，卻只能懂得一半文字。恰好另有幾位台灣大學和輔仁大學的同學，也在抱怨《禪海蠡測》太古文了，看不懂！在此以前，更經常有讀者來信，談到這本書的難懂問題。於是，我就計劃將《禪海蠡測》翻譯成白話，這就是本書的緣起。

把古文翻譯成白話，真是吃力不討好的事。雖然，時代在進步，人們的古文程度卻在退步，這是學術界及出版界要面對的一個事實，所以不管討好不討好，只要能提高一本書的易懂性，翻譯的工作就算是有價值了。好在，作者南師懷瑾先生，應允審閱譯稿，所以在翻譯工作信、達、雅三要點中，最要緊的信和達，大概還不致發生問題。

豈知在翻譯工作開始後，才知道工作的真正嚴重性，因為這不僅是一本知識學問的書，最重要的，這還是一本參禪用功的指導，所以在用字和表達方面，確實煞費苦心。在工作進行到三分之一的時候，作者審閱後認為仍不夠白話，所以又重新開始，完全採取意譯的方式，只有公案及佛學名辭以及序言等，不作翻譯維持原貌。另外〈佛法與西洋哲學〉一篇，遵師囑，也未作翻譯。

由於本書的翻譯，是捨棄原書的字句結構，採取表達意義的方式，所以，在文字次序上，譯本並不完全與原文相合；如果有人對照原著去查，可能會發現次序顛倒，或者少了一句，或加上好幾句等等。

不深讀此書，不知此書的偉大，作者在三十餘歲的年紀，竟有如此淵博深透的著作，不能不歎為觀止。《禪海蠡測》這本書，像一陣暴風雨，驟降在時代的沙漠裡，在學術上，這是一本重要的著作；在禪門中來說，更是正宗而且高遠。作者將中國文化的百川，納入禪海，又在禪門的指引教化中，隨說隨破；雖用文字，卻不是文字；雖是言語，卻沒有言語。在這個文化荒漠的時代，這本書的出現，實為中華文化之幸，更是讀者之幸！

劉雨虹

一九七六年台北

譯者的話（二）

前面的説明，記得是翻譯時所寫，物轉星移，南師已於二〇一二年九月辭世西去了，各地紛紛舉行紀念活動。

在台灣的追悼會上，有一位曾任老古總經理的陳世志先生，講到一九七七年南師在閉關時，仍在審閱本書的原稿。現抄錄南師「關中記妄」涉及本書部分如下：

「丁巳正月初一日（一九七七年二月十八日）……下午入定一座，強起治案頭文稿雜事，為劉雨虹《禪海蠡測》文稿修飾，廿餘年寒窗執筆舊夢，宛然如在，頗多感慨。……而後繼續為劉之譯稿審理文義。……繼續看稿，快速不減當年，方知連年懶於執筆，似不能寫作者，皆緣心受事務所累也」。

「正月初六（一九七七年二月二十三日）……近日因審閱劉雨虹譯《禪海蠡測》文稿，趁此拿起此書，自我閱讀一遍，準備清理修訂一遍。此書自民國四十四年秋初版以後，二十二年中，自己從未再看一次。平生寫作任何文字，作成以後，即怕再看一遍，覺得醜陋不堪。等於自己聽自己錄音，自己看自己照片，愈看愈醜。只有此次被迫需要校對，方仔細重讀一次，竟然暗暗嘆息，幾欲為之拍案叫好。自忖如他生來世再來，讀到此書，不知如何低首歸心，敬重供養而禮拜之」。

「正月初七（一九七七年二月二十四日）……審閱劉雨虹改變語體譯《禪海蠡測‧神通與禪定章》，較前數章翻譯語文皆大有改變。如此，應可較能普及。時代趨勢，促使文章氣運決非往昔『文以載道』之老路，目前與今後，必須『以道載文』了。此所謂道字，應作方法翻譯，一笑」。

這件事經陳君提起後，急忙尋檢舊稿，喜獲當年手寫語譯《禪海蠡測》原稿，文中並有南師在多處增添之筆跡，而以〈心物一元之佛法概論〉及〈禪宗與理學〉為最多。

本書有些篇章，記得曾在《知見雜誌》刊登，並在《靜坐修道與長生不老》一書中，將本書〈修定與參禪法要〉一篇，作為附錄。

現重拾全部原稿出版，也是初次出版，因緣特殊，時間、環境皆大異昔日，令人感慨甚深。天下事難言，一切莫非定數？此書之問世，為南師嗎？為讀者嗎？為文字嗎？為禪宗嗎？為文化嗎？誰知道！

劉雨虹 於廟港

二〇一四年三月

再版自序

時輪劫濁，物欲攖人，舉世紛紜，鈍置心法，況禪道深邃，尅證難期；余以默契宿因，嗜痂個事，覓衣珠於壯歲，慮魔焰之張狂，故不辭饒舌，綴拾斯文。然投滴巨壑，吹毫太虛，沉沉無補時艱，復將廿載。頃者，莘莘學子，驚顧域外之談禪，攘攘士林，欲振中華之墮緒，再請重鑄斯編，冀復燃燈闇室；固知舊鉛新槧，盡同夢裡塵勞。喽響撩虛，等是狂思玄辯，禪非言說，旨絕文詞，拈花微笑，能仁已自多餘，渡海傳衣，少室徒添滲漏，五家七派，無非自碎家珍，萬別千差，透澈何勞豎指，斯編之作，為無為，何有於我哉！

中華民國六十二年仲夏

南懷瑾 再序於臺北

初版自序

運阨陽九，竄伏海疆，矮屋風簷，塵生釜甑。客來自遠，顧而讓之曰：子脫屣圭纓，棲情衡泌有日矣；曩者掩室岷峨，行腳康藏，風霜凋其短鬢，烟水歷乎百城，矻矻窮年，究此一事；雖夢宅虛無，本乏可留之跡，而空書斐亹，終成不著之文，際茲慧命絲懸，魔言鼎沸，同舟儼分乎楚漢，一室而判若參商，正法衰微，乾坤幾息，不有津梁，罔克攸濟，金針密固，庸所安乎？聞已而思，瞿然有省。夫妙契匪意，真證難言，動念已乖，況涉文字。然無說自說，瓶瀉雲興，從上祖師，皆非得已，矧余末學，觕具見聞，窺測之談，不離知解，揆諸先聖盍各之義，竊比昔賢就正之情，磚石之投，連城或致，則亦何妨著佛頭糞，大作寱語耶！爰濡禿管，率成斯編，所涉雖繁，要仍以禪為主，如葉歸根，如水赴海。倘閱者因筌得魚，見月廢指，形山打破，會即不疑，是吾心也。若遇明眼，爍破面門，此中廓然，徒添絡索，一場懡㦬，轉見敗闕，則余知過矣。

中華民國四十四年七月一日

淨名盦主 南懷瑾 識于臺灣

目錄 contents

上冊

目錄
contents

目錄 contents

下冊

目錄

contents

禪宗之演變

佛法的教化，是釋迦牟尼所創立，起先在印度宏揚開展，以後才傳遍了亞洲各地。印度後期最為興盛的是大乘佛法，那是在世親尊者的時代，對於佛法的發揚貢獻最大，並且也奠定了後來顯密相通的學理基礎。

世親尊者的時代，約在五世紀初期（東晉時），到了十二世紀的末期（南宋時），印度本土的佛教，差不多已經滅亡了。從世親尊者時代到佛教滅亡，共經過八百年之久。

在這八百年之間，佛教學說的變化極大。在最初的兩百多年之中，許多派別紛紛建立，顯教和密教各立門戶，與以往的佛法學說相比，大有改變。在後期的五百多年中，佛法大師愈來愈少，一切不過順其自然發展，繁華燦爛的花朵，終於無聲無息的凋謝了。

印度一向缺乏歷史觀念，對於佛教發源於印度這件事，以及有關佛教經典的記述，在印度的歷史上卻沒有記載。後代的學者們，雖然盡力考證，所靠的只有一鱗半爪，所以產生很多漏洞。

佛法在中國，一共開創了十個宗派，追根溯源，這十個宗派，都是歸屬於釋迦牟尼創立的佛法。佛法由開創時的興盛，到十宗在中國的蓬勃燦爛，先後輝映，更增加佛法的光彩，而其中的禪宗，則為十宗中的最上乘。

有人認為，禪宗是後期佛學所創作，是因當時大乘佛法的流行，而演變形成的。但是，這種說法很難使人相信，所以只能把它當做一個疑問。

印度原來的情形

釋迦所講的佛法，不論是顯教或密教，都是有經典作為依據的，惟有禪宗的傳承，因為缺乏考證的資料，學者都產生懷疑的心理。甚至有人認為，禪宗的宗旨是偽造的。禪宗的學者們，對於這一個問題，一向都認為是教外另有別傳的宗派，並不多加討論，而禪宗宗門的傳承，也只用靈山會上拈花微笑的一則公案，當做禪宗的開始。

世尊在靈山會上，拈起了一朵花給大家看，當時大家都沉默不語，只有迦葉尊者展露了笑容。世尊看到了迦葉的微笑就說：「吾有正法眼藏，涅槃妙心，實相無相，微妙法門，不立文字，教外別傳，付囑摩訶迦葉」。

另外還有一個說法：世尊到多子塔前，將自己的座位分出半席，叫他的弟子迦葉尊者，來和他同席而坐，然後親自用僧伽黎（袈裟）圍裹著迦葉，並對迦葉說：「吾有正法眼藏，密付於汝，汝當護持」。同時又交代阿難，將來要有人接替迦葉，繼續傳承下去，不要使這個法門斷絕。世尊接著就說了一個偈子：「法本法無法，無法法亦法。今付無法時，法法何曾法」。

世尊說完了這個偈子，又對迦葉說：「吾將金縷僧伽黎，傳付於汝，轉授補處，至慈氏（彌勒）佛出世，勿令朽壞」。

迦葉聽到了偈子，和世尊所交代他的話，恭敬的下拜說：「善哉善哉！

我當依敕，恭順佛故」。

在前面的兩個說法中，後面一個說法，是有經典可以查證的，至於前面一個說法，卻找不到任何的資料和證據。

不過，宋朝的王安石，曾經提到過一些資料，支持這個說法。王安石曾在宮廷的祕密書庫中，看到過一部未曾流通的經典，名叫《般若大梵王問決經》，在這部經典中，記述了靈山會上拈花微笑的一段事，所以，拈花微笑的公案，絕對是真實可信的。

在這部經典中，還有許多預言，是談論國家命運轉變的事情，因此，歷代的帝王們，都把這部經典藏在祕庫之中，不使一般老百姓看見。話雖如此說，這件事到底缺乏實際的證明，我們只好半信半疑了。

在佛教的記載中，各佛祖的傳續，是從釋迦以前的七佛開始。這七代佛祖的名號，在經典中都有記載，惟有單傳付法這一件事，是屬於禪宗一派的傳說，因此，許多學者對禪宗便產生了疑問。

禪宗自釋迦傳至迦葉，再接傳至阿難等，在印度一直傳到達摩祖師，就是第二十八代祖師了。達摩後來到中國來傳法，成為中國的禪宗初祖。達摩東來中國傳法的事，也有歷史的記載，大體上很受論者的崇敬。

按照禪宗宗門傳統的記載，印度二十八代祖師的事跡，與中國後代禪師們的事跡，是大為不同的。印度的祖師們，都是三藏大師，所謂三藏大師，就是對經、律、論三門學說，都很精通，而戒、定、慧的修持，尤其高明。這些祖師們，在臨終時，多會昇到空中，顯現神通變化，於付法給後人之後，就圓寂了。

龍樹、馬鳴二位祖師，在二十八代祖師中，都是極為著名的大師，也是佛門中的柱石。龍樹大師更被尊為中國佛法八宗派的共祖，他的功勳德業，成就貢獻，以及在世時的事跡，都是極為著名的。

二十四代祖師名叫師子比丘，最後是被罽賓國王殺掉的。有些人認為，禪宗隨師子比丘的被殺而斷了，他們所持的理由是，師子比丘在死前沒有顯現神通，沒有像以往的祖師那樣，於顯神通後再傳法而圓寂。

其實，中國的二祖神光，也是在鄴都被殺。在佛法的理論中，稱這種事為償還從前生命中的債務。二祖的被殺，與師子比丘的被殺，屬於同一性質的事情。所以，這種償還宿債的事，不應該視為禪宗已斷，而把後代的傳法，當做偽造來看待。

凡是有成就的禪宗大德，都可以預知未來，像二祖所遭遇的事，他在事先已經知道了。師子比丘被害時，在頭被砍掉後，流出來的不是血，而是像牛奶一樣的白漿，並且噴出數尺之高。這種特殊的現象，絕不是普通人被殺頭的情形所可並論的。況且師子比丘的師父，早有預言，而師子比丘，也早已準備妥當，已將法統預先傳給了下代的祖師。禪宗，本來就是一個不可思議的超神祕宗派，所以，我們絕不應該用一般世俗的看法，來推論這一類的事情。

中國初期情形

印度本土的禪宗，雖然因為缺乏歷史資料，無法加以考證，但是達摩東來中國傳法的事，歷史上卻有確實的記載，可以證明其可靠性。

梁武帝普通七年，達摩祖師自印度乘船東來，在廣州登岸，同年的十月，達摩到了金陵，見到了梁武帝，可惜與梁武帝話不投機。到了十一月，達摩就抵達河南省洛陽，住進了嵩山的少林寺，後人對當時達摩的描寫是：「面壁而坐，終日默然，人莫之測，謂之壁觀」。

達摩在少林寺，共住了九年的時間，後人卻誤傳，達摩在少林寺一直面對石壁坐了九年，這種以訛傳訛的傳言，並不可靠。

又有一種說法，認為達摩在中國的時間，共有五十餘年之久；《傳燈錄》記載達摩圓寂的日子，是北魏孝莊帝永安元年戊申十月五日。再根據歷史對照來看，這個說法，被一般認為是錯誤的，所以是一個疑案。

達摩在少林寺的時間裡，有許多人跟隨他學習佛法，如道副、道育、尼總持等。在這些學生中，只有慧可（神光），真正得到了禪宗的心要，所以才能接承達摩，成為中國的二祖。二祖以後，再代代相傳，到了唐朝高宗時代，傳到了六祖慧能。由達摩至六祖慧能，稱為中國禪宗的初期。

在達摩傳法給二祖慧可的時候，師徒傳授，交付《楞伽經》，作為印證修持之用。雖然說禪宗是「教外別傳」，但是，基本上也是要符合教義的，絕不是憑空想象。

到了黃梅的五祖，和曹溪的六祖時代，卻有所改變而提倡《金剛經》，所以後來的學者們，也有人稱禪宗為般若宗的。

六祖以一個不識字的人，崛起於禪宗門下，接掌了心印，他是禪宗的正統。六祖說法非常平易實際，他把極高深的道理，用平凡的通俗話語，加以解說。他的智慧像噴泉一樣流洩，門人們將六祖的法語記錄下來，就成為有名的《六祖壇經》。

這部壇經所談論的，都不離禪宗的範圍，歸納起來，又以佛法為根本。對於釋迦文字方面的教義，壇經中更有許多發揮。

因為六祖開堂說法的地方，是在廣東韶州的曹溪，所以後代談到禪宗的正統時，都用曹溪兩字來代表六祖。

曹溪又被稱為「南宗」，因為與六祖同時弘化禪宗的，北方還有一個神秀，被稱為「北宗」。神秀的門人也很多，所採用的是漸修法門，而六祖則是以頓悟為法要。二人的宗旨方法完全不同，但是如要問誰是禪宗的正統，則應該算是曹溪才對。

六祖的學生們，得到真傳的頗為不少，但是如果要問誰是正統的問題，無疑的，就是南嶽懷讓，以及青原行思兩位大師。

當南嶽一派傳至馬祖道一的時候，宗門大為興盛起來，後來的修行人，在談到禪宗時，對於南嶽的單傳，極為重視。

所謂佛法正統傳承的意義，並不是否定正統以外的成就，正統的意思，是在學眾中，選擇一些成就高、見地透，可以承擔起宗門教化的人，稱為正統。

在禪宗的初期，不但南宗北宗保持對峙不合作的局面，就是六祖的門人們，也漸漸的背道而馳。例如荷澤的神會，隨便更改《六祖壇經》，其他的同學們都極不滿意；六祖的得意弟子南陽忠國師，當時已經說過：

「吾比遊方，多見此色，近尤盛矣。聚卻三五百眾，目視雲漢，云是南方宗旨。把他《壇經》改換，添糅鄙談，削除聖意，惑亂後徒，豈成言教？苦哉！吾宗喪矣！」

近代有人談論禪宗，並不知正統禪宗是什麼，反而把荷澤神會那一派，當做了正統，實在令人不敢領教，這一點可在《六祖壇經》中，得到證明：

「一日，祖告眾曰：我有一物，無頭無尾，無名無字，無背無面，諸人還識否？神會（荷澤）出曰：是諸佛之本源，神會之佛性。祖曰：向汝道無名無字，汝便喚作本源佛性。汝向去有把茅蓋頭，也只成個知解宗徒」。

由《壇經》中這一段話，可以瞭解，荷澤神會當時的見解，不過如此而已，當時已被六祖申斥了一頓。後來，荷澤神會又為唐朝籌募軍費事，建議政府出賣度牒。一個提倡南宗心法的人，其做法竟如此莫名其妙，誠如六祖老早的預言，也不過是一個知解宗徒而已，哪裡能算是禪宗的正統呢！

所以，學者如果有人重視菏澤一派，把他們當做正統，那是絕對錯誤的。

唐宋間之發展

自從南嶽及青原以後，接著就是馬祖道一和藥山惟儼兩位大師，這兩位大師的出現，使禪門的宗風澈底改觀。尤其是馬祖這位大師，見地極為高超，接引教化學人的方法，隨機應變，並不注重於講解理義。

馬祖門下培養出八十四位了不起的大善知識，個個都很超特，高人一籌，當這些人談禪論道的時候，充滿了風趣，味道十足，含義無窮。

如百丈、南泉、丹霞、歸宗、龐居士等，他們有的是伸起拳頭，拿起拂帚，有的是眨一下眼睛，揚一揚眉毛，有的是用棒喝，有的是默然而已。他們的方法，都是絕頂聰明的表現，穿透金針，而沒有留下一點教導縫綴的痕跡；受盡甘苦，一見到棒喝的影子，豁然開朗，悟到了心靈的明鏡。只有這樣的人，才能悟入本源，吻合禪門心法的宗旨。

禪宗發展到了這個時期，大為改觀，這時共有五家宗派都極興盛，開創了中國禪宗的特殊風格。以後的所謂德山棒、臨濟喝、雲門餅、趙州茶，都是接承了馬祖以下的風範，而發展出別開生面的方法。

不過，流弊也不免跟著而產生，許多放浪顛狂的態度，以及圓滑幽默的風氣，和豁達隨便的態度等，都歸入了禪宗。事實上，在外表上看來，雖然有些相似，其本質卻是完全不同的。

所以到了宋代，禪宗的大匠圓悟勤和他的弟子大慧杲，都竭力避免棒喝的方法，而以學理和修行二事並重，作為修行學佛的原則和方法。

當大慧杲住在徑山寺的時候，曾與學人們約定，如果用「喝」的方法，就要罰錢或罰一桌菜飯。大慧杲這樣做，就是因為深知棒喝的流弊，所以才用盡方法去避免。

宋代以後，取代棒喝的方法是偈語，偈語就是一首四言八句的詩詞，用一個偈語，來唱出禪宗的宗旨。於是老師與學生就用偈語對答，在這種方式下授受心法。

在大慧杲臨滅的時候，一旁侍奉的是出家弟子了賢。當了賢請求大慧杲作一個臨終的偈語時，大慧杲卻很嚴厲的說：「無偈便死不得嗎？」接著他還是寫了一首偈子：「生也恁麼，死也恁麼，有偈無偈，是什麼熱大？」大慧杲寫完了偈子，把筆一丟就死了。

總之，自大慧杲以後，棒喝機鋒才稍微消滅，偈語傳付心法的方法，卻代之而突起了。到目前為止，佛的心法似乎沒有人過問，大家所關心的，只是在紅緞子上寫一首偈子，作為接方丈法位的證據，這樣自己也就算是成功了。像這種醜陋的毛病，實際上在宋元時代已經開始了。

元明清之趨向

禪宗在元代的時候，並沒有出現什麼大匠人才，因為在蒙族人的統治下，再加上喇嘛教的威脅，使得禪門心宗的燈焰，有些搖搖欲墜的趨勢。當時學禪的人，雖然到處都有，但卻是都在儘量的隱蔽，深居簡出。

例如當時很受敬重的兩位禪師，高峯妙禪師和中峯禪師，這師徒二人就是躲在山中，唯恐別人知道。

在這一個階段中，禪宗只注重退隱修持，所以許多修行人都住在山中，到處都在閉關打七，形成了一種風氣。這時，以往的直指人心見性成佛的法門，無形中轉變了，成為注重禪定工夫的修持，只有在禪定工夫上，才會看到禪宗的面貌了。

同時，宗門中的修行，也改變成另一種方式，就是參禪。所謂參禪就是先找一個疑問，自己再不斷的參究這個疑問，稱為起疑情參話頭的方法。

參話頭的方法，由元代開始，經明朝至清朝，都沒有改變。中間經過的大禪師，如密雲悟、破山明等，都曾被世人多方批評，但是他們仍舊使用這個舊法教化，不加改變。

明朝的憨山大師，我們只能稱他為保衛佛教的功臣，卻不能承認他是禪宗的正統。直至清代的雍正皇帝，本身對禪宗有成就，因為位高權重，弄得天下的禪和子都不敢多嘴。說起來雖然是有護法的功勞，但在另一方面來看，天下許多有成就的老和尚，也被封住了嘴巴，不敢說話。這樣一來，弄得禪宗所存留下來的，就只有打坐和參話頭等形式了。

禪宗到了這一步，已經沒有大師能像唐宋時代的大師們一樣，可以眼明手快接引學人了。可憐那些參禪的學人們，多數參了一輩子死話頭，毫無結果。有些人落進了擔板式，只看到清淨的一面；有些人則一輩子修禪定，死打坐而已。這種不幸的情況，真不知應該怪誰才是。

禪宗在中國的發展和演變，約略如前面所述，依照其演變，可以歸納為三個時期。

第一期，是由南朝至初唐，稱為初期。初期的禪宗，是萌芽時期，好像天地間聽到了隱隱的雷聲，微風夾著細雨，灑遍了大地，天地間充滿了陽和，也是春滿人間的氣象。

第二期，從盛唐到南宋末年，稱為中期。這個時期的禪宗，人才輩出，高僧大德善知識如雲，好像植物的枝條已經成熟堅固了，花葉也茂盛了；又好像夏日的雷聲，可以震動天地；又像是黃河長江之水，急流而下，但夾帶了泥沙，凡是水所流到的地方，「到江送客棹，出嶽潤民田」。水多可以行舟，可以灌溉，但是淹了其他的農田幼苗，也是難免的現象。

第三期，是元、明、清三代，稱為後期。這個階段，好像是冬天來了，天地之間有了一種清冷的寒氣，雲霧迷漫了山徑，山林峯頂變得隱隱約約，雖然一切面目朦朧，但其中的引人幽趣，反而使遊人欲罷不能。

禪宗到了今日，差不多已達衰落的境地，這種情形，就像古德所說的：「百花落盡啼無盡，更向亂峯深處啼」。

與中國文化因緣

中國的文化，本來有兩大主流，其中一個是儒家思想，另一個是道家思想，這兩大學派，就像中國的黃河和長江一樣，灌溉了全中國，有根深柢固的力量。

佛法輸入中國，是在後漢開始，經過兩晉南北朝間，才陸陸續續的介紹過來。初期的佛法教典和經文的翻譯，在名辭和語句方面，多借用老莊及儒家的書籍字彙。外來的法師如鳩摩羅什，在翻譯經典工作時，必須比照中國的思想文字，再加以發明才能適用。鳩摩羅什門下的大弟子們，如僧肇、僧叡等，外加著名的高僧道安師徒，以及慧遠法師等人，都是學問淵博，精通古今的大學問家。在這種情況的影響下，梵語佛法，就迅速形成為中國文化的新潮流了。

禪宗本來是教外別傳的，它是不立語言文字，直指見性之學，因為經過了這些大學問家的翻譯經典，間接產生影響，融會並吸收轉化，一變再變，終於形成了一種特有的宗風，屬於特有的中國宗風。這種發展，自然也是順理成章的事。

自兩晉以來，社會上談玄的風氣很盛，成為一種普遍的現象。那些有學問有地位的人士們，因為對政治社會的紊亂十分厭惡，所以都躲了起來。他們認為國家不穩固，而世界上的事情，就如一堆堆起來的雞蛋，隨時會破，自己也沒有辦法解決，不如藏起來，還是只管自己吧！如劉遺民說：「晉室無磐石之固，物情有累卵之危，我復何為？」

劉遺民的話，是消極和頹廢思想的代表，正是當時多數知識階層的思想趨勢。這些人的玄談，愈談愈渺茫，既沒有中心，也沒有結果。

正當這個時候，佛法傳入了中國，佛法的大乘思想，含有救世的精神。這種救世的精神，對於當時社會的消極作風，恰好是一劑良藥。

大乘佛法在入世的觀點上，與儒家思想是同途並行的；而佛法的涅槃寂淨理論，則與道家學說並駕齊驅。在這種情況下，各階層的人們不免都爭相學佛，所以修習禪觀的學問立刻蓬勃起來。

關於修習禪觀這件事，可以說用這種方法修習，以證得真如性海，並不是不可能。但是在修習的過程中，因為個人進度上產生的變化，往往會造成錯覺，結果反而會導致失敗。

待達摩來到中國後，所採用的是靈活的方法，並且把握時機，除了用語言解說外，更傳授了心法，簡捷提示。達摩的禪門方法，非常吻合中國民族文化的特性，所以禪宗能夠在中國發揚光大，很顯然的，是因為民族文化的背景所造成。

南朝至唐宋之間，學習禪宗的人很多，有的是出家人，有的是在家人，全國到處都是。當禪師們說法開示的時候，並不一定用教義教條去說，而是把握了當時的機會和環境，藉以來說法教化。他們或者用富於趣味性的文學辭句，說明佛法「空」和「有」的真實意義，像這樣採用靈活的教化方式的禪師，當時是極為普遍的。

當時的大師僧眾們，素質都很高，甚至有些出家的僧人，本來就是社會上的名儒。在這種人為的影響下，一切思想、文學、藝術、建築等，也都形成了一種潮流趨勢，並以具有出世意味，富有禪意的作品為佳。歷代的名人，直接參禪者，更是多不勝舉。

佛法經過了與儒學、道學的融會，在儒學方面，又產生了理學一派；道學方面，則開創了丹道各派。至於佛法在中國發展了禪宗，不但是佛教的光榮，在東方文明的立場來說，也是一樁大放異彩的事。

對佛教之功績

佛法傳入中國後，在兩晉至五代一段時間中，雖然學說的傳布極為興盛，但是不免也遭遇到儒家和道家的學術左右相排，而發生了爭論。尤其在宗教方面，佛法更時常受到挫折，在佛教史上，曾有「三武一宗之難」。

三武一宗的佛教之難，就是北魏太武帝、北周武帝、唐武宗，及後周世宗，先後四次排斥佛教的大事。

佛教在這四次大難中，所以能夠維持不亡，都是禪宗師僧們的功勞。因為禪宗的形式簡單，在受排斥的時候，只須要一瓶一缽，隻身逃到空山，就可以避禍了。等到亂世過後出山，他們的名望反而更為增加，這也是禪宗對佛教的功績之一。

佛教在印度的習慣，凡是出家的比丘們，都是靠乞食維持修行的。但是中國的國情不同，認為乞食是可恥的事情，如果長期沿用印度的乞食方式，就會造成社會上不良的印象，佛法就難以維持下去了。

百丈禪師及早看到了這一點，就創立了禪宗有名的叢林制度。百丈禪師把出家人集中起來，靠自力耕作維持生活，同時共同修行，這就是叢林。在叢林中並訂立清規，大家都要切實遵守。百丈禪師更是以身作則，在史料中記載如下：

「凡作務執勞，必先於眾。主者不忍，密收作具而請息之。師曰：我無德，爭合勞於人？即徧求作具，不獲，則亦不食。故有『一日不作，一日不食』之語，流播四方」。

宋代程伊川看見叢林僧人出堂的威儀時，不禁歎道：「三代禮樂，盡在是矣！」

對佛教來說，百丈禪師建立了叢林制度，改變佛教修行人的生活形式，算是一個很大的進步。可是，當時有許多佛教徒們，認為新制度與原始佛教方式不同，反而大大譭謗百丈所創立的叢林制度，稱百丈為破戒的和尚。

但是，以歷史的眼光看來，百丈所創立的叢林制度，比軍事訓練的管理，還要嚴格，比社會組織的計劃，還要精密。百丈禪師在一千年前創立的這個制度，符合中國國情，才能使佛法在中國保存而不墮，這是禪宗對佛教的功績之二。

佛法是著重於修行實證的，如果依照教理來說，一個修行人要修行達到成佛，是需要經過三大阿僧祇劫的時間才能夠成功。一個阿僧祇劫的時間，就是太陽系從形成到毀滅。這個如此漫長遙遠的時間，使學佛的人多麼的洩氣和悲觀！

豈不知這個教外別傳的禪宗心法，使得學佛的人「不歷僧祇獲法身」，換言之，娑婆眾生，不必經過阿僧祇劫的長時間，而可以藉著禪宗心法，見性而立地成佛，直截了當。這個禪宗心法的功德，真不知道應該如何讚揚呢。這是禪宗對佛教的貢獻之三。

禪宗之宗旨

佛法一共有十個宗派，每派都有教典，是理論及修持的依據，如果能夠依照教典修行，都可以證得果位。

惟有禪門這一宗派，既不根據教典，也沒有一定的軌道法則可以遵循。禪宗摒棄文字不用，立於險峻之地，就像一個鐵饅頭，使人無處下嘴去咬；各方的人士，雖然都想替禪宗下一個定義，訂一個宗旨，結果等於寒潭撈月，只是泡影而已。

雖然禪宗是如此的難以捉摸，但是禪門的彩色，已經呈現出它的光輝，就好像用上好的檀香木刻成的佛像，雖不是真的佛，但也像真的一樣了。

既然難以給禪門訂立一個宗旨，如果勉強定一個宗旨，等於在佛頭上澆糞，實在罪過。禪門一宗，必須要達到「手揮五絃，目送飛鴻」之妙，才能算有少許入門相似之處。否則，就像是「冰稜上走，劍刃上行」，在冰上或刀劍上走，實在太危險了，一不小心，就會喪身失命。

研究禪宗的源起，一定要追溯到靈山會上。有一次，在靈山會上，釋迦拈花，迦葉微笑，這無言的一問一答，就創立了禪宗的一脈相傳，慧命永續。如果要問到禪宗的理論根據，則佛所說的全部三藏十二分教，統統都是禪宗的理論依歸。

如果再進一步，推究禪宗最高深最透澈的地方，卻又沒有任何言語文字可以形容，甚至揚一揚眉毛，瞬一瞬眼睛，都算是落入了所謂第二義了。

佛所說的一大藏教，就好像名畫家僧繇畫龍一樣，當他把龍畫好，還沒有點畫眼珠時，這條龍已經是栩栩欲動了，等到兩睛一點，這條龍就有了生命，立刻穿牆飛去。

禪宗的工夫，就像是點睛的手筆一樣。所以，在靈山會上，世尊用不說而說的方法來說，迦葉以不聽而聽的心境去聽，最高深的禪門宗旨，就在這默然不言之中，透露消息了。

近代的學者們，當談論禪宗的時候，都是極盡幽默譏諷之能事；舉例來說，他們認為「打即不打，不打即打」就是禪宗的宗旨。

唉！這叫什麼話！如果認為這就是禪宗，豈不是和盲人問色的故事一模一樣嗎？

盲人：「白色是什麼樣子？」答：「白色就是白雪的白。」

盲人：「白雪的白是什麼樣子？」答：「像白馬一樣的白。」

盲人：「白馬的白又像什麼？」答：「像白鵝的白。」

盲人：「白鵝的白又像什麼？」

那人無法回答，只好拉著盲人的手比劃起來，並且說：「白鵝，就是有細長能伸縮的脖子，有兩個翅膀，叫起來是呷呷的聲音。」

盲人：「你為什麼不早說呀！這樣講來，我就知道了，白的意思，原來就是細長的脖子，有兩個翅膀，叫起來呷呷的。」

現在許多學者，給禪宗所下的定義，就像是盲人對白色的定義，像這樣的誤解，怎麼能夠與他們談論禪宗呢！

曾有一次，一位教授對我說，禪宗就是冥想到極點時的境界。我聽了他的話，只好笑一笑說：閣下談禪，頗像街上的小孩子們談論政府中的政事，所說的話，怎麼可能不外行呢！

達摩祖師到中國來，除了傳授禪門心法之外，並且還指定，用《楞伽經》作為印證之用。不過，《楞伽經》並不是禪宗獨用的經典，凡是大乘佛法的各宗派，都是以這部經典為依據。《楞伽經》的義理概括了三藏，高明幽深，《楞伽經》上說：「佛語心為宗，無門為法門」。

但是，佛法中所謂的「心」，究竟是什麼？要回答這個問題，縱使以須彌山作筆，蘸四大海水為墨，再以大地塵埃為舌，恐怕也沒有辦法用言語文字說明。

心宗既然無法說明，當然也無門可入，就在這個千迴萬轉，無路可通，無門可入之際，就可以入得此門。

就好像《華嚴經》上所說，善財童子五十三參，最後無法能入彌勒樓閣，結果彌勒卻在他的後面出現了。一彈指間，善財就看到了彌勒的樓閣，有無數無量重重的樓閣，也有無數無量的彌勒，每一個彌勒，都坐在寶閣之中，重重無盡，放大寶光，轉妙法輪。

所以佛說：「止，止，不須說，我法妙難思」，又說：「奇哉！一切眾生皆具如來智慧德相，祇因妄想執著，不能證得」。

既然不可說，又不可妄想執著，就成了無門可入，這個無門，就是法門。不可說無法說，言語文字無法表達，現在只好畫一個影子，略加表達如下：

「滿地江湖難放棹，漁郎何得下金鈎？」

茲簡述禪宗古德對宗旨表示的論見如下：

達摩祖師對二祖神光說：「內傳法印，以契證心。外付袈裟，以定宗旨」。

三祖僧璨，在〈信心銘〉中說：「真如法界，無他無自。要急相應，惟言不二。不二皆同，無不包容。十方智者，皆入此宗」。

印宗法師問六祖惠能：「黃梅（指五祖）咐囑，如何指授？」

六祖：「指授即無，唯論見性，不論禪定解脫」。

印宗：「何不論禪定解脫？」

六祖：「為是二法，不是佛法。佛法是不二之法」，又說：「無二之性，即是佛性」。

由六祖所說的話中，很明顯的，已立無念為宗。六祖又說：「無者，無二相，無諸塵勞之心；念者，念真如本性」。六祖並且引用經典，說明無念的旨意：「善能分別諸法相，於第一義而不動」。

黃檗禪師說：

「我此禪宗，從上相承以來，不會教人求知求解，只云學道，早屬接引之辭。然道亦不可學，情存學解，卻是迷道。道無方所，名大乘心。此心不在內外中間，實無方所。第一不得作知解。只是說汝如今情量處，情量若盡，心無方所，此道天真，本無名字」。

在禪宗發展史中，初期的禪師們，對禪門的宗旨問題，見解大概都如前面所引述的那樣。有人說，靈山會上，佛告迦葉的幾句話：「吾有正法眼藏，涅槃妙心，實相無相，微妙法門」，就可以算是禪門的宗旨了。

贊成這個說法的人，又分為兩派。

第一派的人認為，「正法眼藏」這句話，已經包含了整個宗旨的意義了，而且重點就在「眼藏」二字，因為如能將這雙「眼」，「藏」於「無相實相」的境界，那麼「涅槃妙心」自然就現前了。

持這種說法的人，並將密宗的「看光」、「觀空」等有為修法，以及一般道家常用的「回光返照」等用功的方法，作為證明。

聽起來，這種說法煞有介事，很有道理的樣子，實際上，這種見解正表現了法執的深固性。等於一個通靈的烏龜，在爬行時，會用自己的尾巴，掃除爬過的痕跡，結果是愈掃愈顯出痕跡。這種見解，距離直指心性之門，愈來愈遠，終於成為向外馳求，落入有為法的圈套，而自己還不知道。這哪裡會是吾佛心宗的宗旨呢？

玄沙禪師說得對：「西天外道，入得八萬劫定，凝神寂靜，閉目藏睛，灰身滅智，劫數滿後，不免輪廻；蓋為道眼不明，生死根源不破」。

第二派的看法，認為佛所說的這幾句話，與工夫的事無關，而只是標明義理和宗旨。所謂「正法眼藏」，是指佛的正法，也就是說，只有這個心法才是正法。

這派人認為，所謂「眼」者，就是說明一個人身上，只有眼睛才是最尊貴的；「藏」者，就好像如來藏性的廣大、無盡和無限。

對於這種見解，我們不免發生一個疑問：如果說只有心法為無上第一正統之法，另外更沒有其他妙密的話，那麼「涅槃妙心，實相無相」這句話，也不可能僅是說理的範圍！

要知道，「理」的表達就是「事」，而「事」也就是「理」的表現。如果這兩句話，佛只是說說而已，並沒有真實的含義，那麼這個佛豈不是一個口頭禪，只說門面話的佛嗎？

當然，佛所說的這幾句話，實質上已經打開了心宗要旨的大門。如果是悟的人，對則全對，錯則全錯。如果不能明心見性，一切的說法都是不合因明論辯學的。

所以，後來禪宗大德們，都不談論宗旨的問題，而只說些什麼「麻三斤」、「庭前柏樹子」等類的話，使學禪的人自己去鑽研，所謂「鴛鴦繡出從君看，不把金針度與人」，這便是禪門的大機大用，無上的慈悲。否則，學禪的人天天談禪說道，對於義理方面，都能細微分析，說來頭頭是道，但對於學禪的真實行證工夫，卻是妄心，紊亂又紛雜，哪裡有資格可以入禪呢！

自從馬祖以後，參禪的人，都以問「祖師西來意」為時髦。這裡所說的祖師，就是達摩初祖，大家所問的「祖師西來意」，就與問佛法大意一樣，了解了祖師西來意，禪門的心法要點，自然迎刃而解。

但是當時的禪師們，對於「祖師西來意」這個問題，都用一句無意義的話，作為回答，什麼「麻三斤」、「庭前柏樹子」之類，目的只是使學人自己去參。

禪師們的這種作法，並不是故弄玄虛，或者有製造神祕的意思，他們只是不直接告訴學人，寶藏所在的地方，只說出來開啟寶藏的鑰匙形狀，必須由學人自造鑰匙，自己去尋寶藏。等到經歷了千辛萬苦，一旦找到了寶藏，才知道原來是自己本有之物。

假如學人沒有親身經歷過其中的艱苦，縱然能言善辯，精通理義，仍然只是亂吹，空談口號而已，結果仍不免流入口頭禪之輩。

古人說得對：「莫將閒學解，埋沒祖師心」。

到了百丈和臨濟禪師以後，禪宗的五家宗派，都極為蓬勃。如臨濟宗，以三玄三要、四料簡、棒喝等為教授法，各標示一門宗旨，稱為綱宗。學人如不能由綱宗得到悟解，而如「透網金鱗猶滯水」、「猿猴化去尾難逃」的話，就不能在般若智慧方面得到解脫，法身自然也就不能圓滿。

有人說，綱宗的興盛，實在是禪門的病態，舉一個例子說明：佛所說的教化，以及各祖師的開示，無一不是綱宗，又何必另立綱宗？這豈不是頭上安頭，完全多餘之舉嗎？

殊不知，禪宗到了唐宋之間，天下的善知識如林，禪師大匠到處都是，

「言前薦得，終是滯殼迷封，句後精通，猶復觸途成滯」，其實都有問題，所以禪門的活教育法，到此都成了死板的呆話。因此，各派宗祖，不得不另立心法，以測驗學人，錘鍊學人的見解。

雲居戒禪師曾說：

「五家宗法，各有門庭，各有閫奧，玄關金鎖，百匝千重，陷虎迷獅，當機縱奪，如陰符太公之書，不可窺也，如五花八門之陣，不可破也。不如是，不足以斷人命根，而絕人知解也，不如是，則學家情關未透，識鎖難開，法見不消，而通身窠臼也，豈佛祖正法眼藏也哉？或曰：所貴乎禪者，以不立文字，不涉名言，超然獨脫也，今綱宗一立，則名相紛繁，楷成格則，是增人情識，益人知見，而有實法可求也。聰明者，必穿鑿，愚魯者，益懵懂矣，真悟道者，何貴於此乎？曰：諸祖所以立綱宗者，正為此也，主人公禪，自謂無情識，而渾乎情識也；自謂絕知見，而純是知見也；自謂無實法，而認定一機一境，恰墮實法也。有臨濟七事，五宗宗旨，用妙密鉗錘以鈎錐之、料揀之、剗削之，而知見始消，情識始破，實法始忘矣。窮盡萬法，而不留一法，是真直捷，透盡諸門，而不滯一門，是真孤峻，徹盡大法小法，一切綱宗而罷除綱宗，是真獨脫，而豈守繫驢橛，倚斷貫索，弄無尾巴猢猻之謂哉？譬之行路者，歷九洲四海，遍名山大川而仍歸本處，忘盡途中影子，是真到家矣；又譬之廣學者，窮盡二酉，蒐盡四庫，貫穿天祿石渠之藏，而胸不留一字，是謂博通矣。使足未離跬步，而眼空四海，毀天下之行遠者，目未涉經書，而空腹高心，呵天下之讀書者，雖三尺童子，亦知其背謬矣。但重根本而疑綱宗者，為葛藤，為知見，為實法者，何以異是哉！夫抹去綱宗者，不但自己宗眼不明，一當為人，動便犯鋒傷手；機境當前，而不知踞頭收尾；節角諸訛，而不知抽爻換象；掠虛弄滑，而不能勘辨；到對打還拳，而無法剪除；徒恃鑑覺，以為極則，法門寥白，不可言矣」。（《禪門鍛鍊說》第九）

由此看來，禪門的宗旨，與諸祖所立的綱宗，就好像閃電一樣，碰上的人，立刻喪命。綱宗和宗旨，又像是漫天的網，看起來雖有許多洞，但是網線是條條貫通的，牽一髮而動全身，毫無一點破綻。假如看到的，只是網邊的一根線，就認為沒有意義，而把它看作幽默，這不免成為井底之蛙的見解了。禪宗是佛法中畫龍點睛的心髓之學，所謂宗旨，只是屬於畫龍的範圍，並不是點睛，就如龍牙遁禪師所說：

學道無端學畫龍　元來未得筆頭蹤
一朝體得真龍後　方覺從前枉用功

有些人認為，禪宗是以「無念為宗」，這是引用六祖的話，硬把這句話解釋為宗旨，真是「一句合頭語，千古繫驢橛」。如果把「無念」解釋為佛的心法宗旨，荒謬的程度，足以使大地沉沒，活埋人無數了。

試看，瓦塊石頭，以及棺中的死屍，統統無念，難道都是明心見性，成了佛嗎？永嘉禪師說過：「喚取機關木人問，求佛施功早晚成？」

也許有人會說，所謂無念，並不是這個意思，而認為是此心寂靜，對一切外境，自己無心而已。

假如這樣來解釋無念，所謂的寂靜與無心，是以「我」對外「境」而言，如果能作到外不入內，內不外馳，則境仍是境，心仍是心，心與境就是相對待的二法。

如果相對待的二法依然存在，怎麼能夠說是無念呢？《楞嚴經》中說：「內守幽閒，猶為法塵分別影事」，這種內守寂靜無心的境界，不就是《楞嚴經》上所指出的法塵緣影嗎？

從前在昆明的時候，有一個禪宗大德也說：「涅槃為究竟，證得涅槃，即不再起生緣」。當時我即反問他：《楞伽經》上說：「無有佛涅槃，亦無涅槃佛」，以及古德所說「涅槃生死等空花」，「不畏生死，不住涅槃」等法語，你又如何解釋呢？

事隔十年至今，這位大德依然故我，自稱禪宗大德，批評古人，諍心不止，他的「我見」更是難除，實在可嘆。至於他所說的涅槃，與前面對無念的解釋，都是同樣的錯誤。

又有人說，初祖所說「汝但外息諸緣，內心無喘，心如墻壁，可以入道」。這一句話可以證明，無念就是宗旨的意思。

初祖所說的這幾句話，是對神光當時的教育法，並不就是宗旨。如果照字面來解釋，「可以入道」這句話的意思，只是說：如果能夠如此的話，就可以入道了，哪裡是什麼禪的宗旨呢？

六祖自己也曾對無念加以解釋：「無者無妄想，念者念真如」。六祖的這個解釋，是將兩個意思合而為一，仍然不能執著於名相。

百尺竿頭，希望更能進步，這是修道人的態度，要知道，眼中如果有一絲翳障，終會造成失明，凡是執著於無念，不起分別，以及無生的賢者們，更應該立刻覺醒。永嘉禪師說得好：「誰無念，誰無生，若實無生無不生」。

這麼說，難道「無念」、「無生」、「無分別」都錯了嗎？我們的回答是：不能說錯，只是說理不透而已。茲錄同安察禪師兩偈，以作參考：

心印

問君心印作何顏　心印誰人敢授傳
歷劫坦然無異色　呼為心印早虛言
須知本自靈空性　將喻紅鑪焰裡蓮
莫謂無心便是道　無心猶隔一重關

祖意

祖意如空不是空　盡機爭墮有無功
三賢尚未明斯旨　十聖那能達此宗
透網金鱗猶滯水　回途石馬出紗籠
殷懃為說西來意　莫問西來及與東

公案語錄

自從佛法傳到中國，禪宗開始興盛以來，作語錄的風氣，接著也大為流行。所謂語錄，就是禪師們平日的開示和說法，被弟子們記錄下來加以編輯後，就稱為語錄。

自從六祖有《壇經》以後，各方面紛紛效法，爭相編輯語錄，所以語錄就越來越多了。

從五代到宋元，禪宗叢林制度已經建立，成為佛教僧團的生活形式，凡是有名的禪師，大多擔任方丈。依照禪宗叢林制度，方丈下設有一名書記，擔任方丈的祕書工作。書記的責任，頗像帝制時代的史官，記錄皇帝的言行一樣，而叢林下書記所記錄的，則是記錄方丈的言行，記錄完成後，就編輯成了語錄。

宋元以後，語錄非常流行，這種風氣，甚至影響到儒家。不過，後來佛法漸衰，流弊叢生，一般僧家大德們，有些是自己為了求名，有些是門人弟子替老師捧場，雖然並無見地，卻要閉門造車，自己編造一些語錄。

有些人甚至花錢僱用文人學士，代為撰造語錄，鑄版流通。像這一類的人，真不知有多少，歸根究底，都是因為名利之心難除，希望成了名，或者有人恭敬，或求他人特殊的供養。

有人說，儒家的語錄，並不是從禪門偷去的，因為中國上古的儒者，早有語錄式的著述。堅持這種說法的人很多，到底誰是誰非，屬於考證學的範圍，說也無益，這裡就不加評論了。

總之，儒佛兩家的語錄，關係密切，暗通聲氣，就好像許多宋儒一樣，在學習禪宗後，自己一變，稱之為理學，進一步還要毀謗佛學，真可算是明燒棧道，暗度陳倉了。他們因先入為主的自我觀念作祟，凡與自己意見不同的，一概奴役看待，說起來，古今中外學術，大體都是這樣。

古禪師們的語錄，能夠遺留下來流傳很廣的，當然都是精彩作品，但是，也有一些禪師們，是清高隱士作風，他們一生沒有任何語錄傳給世人，寂寞終老於山林之中，這種從來不說話的行徑，卻是語錄中最高尚的。

更有些人，並沒有名氣，一生湮沒無聞，雖然有些著作，也都流散沒有收集，像這一類的人，為數也不算少。

在有語錄傳世的古德中，儘管有些文辭華麗，讀之令人賞心悅目，但是見地不透澈者，為數也並不少。

判別這些真偽是非，必須眼光銳利。我常說，讀古人的書，頭頂上一定要另有一隻眼睛，才不會隨便被它瞞過。其實，研究學問之道，不論是求出世的學識，或入世的學識，道理都是一樣的。

舉例來說吧，宋代的禪宗大德洪覺範，名垂千秋，著作很多，文章十分華麗，深受大眾的敬仰。豈知他的見地不透，停留在化境，如果學人不瞭解而以他的著作為師，就是誤了自己。

所以說，讀書難，著書更難，誤了別人的話，實在罪過無邊。作者學識尚淺，不敢任意批評，現在引用明代永覺和尚的評語，以作證明：

「洪覺範書，有六種。達觀老人深喜而刻行之。余所喜者，文字禪而已。此老文字，的是名家，僧中希有。若論佛法，則醇疵相半。世人愛其文字，併重其佛法，非余所敢知也。

當其時，覺範才名大著，任意貶叱諸方。諸方多憚之。唯靈源深知其未悟，嘗有書誡之曰：聞在南中，時究《楞嚴》，特加箋釋，非不肖所望；蓋文字之學，不能洞當人之性源，徒為後學障先佛之智眼。病在依他作解，塞自悟門。資口舌則可勝淺聞，廓神機則難極妙證。故於行解，多致參差，而日用見聞，尤增隱昧也。余喜覺範慧識英利，足以鑑此，倘損之又損，他時相見，定別有妙處矣。靈源此書，大為覺範藥石，然其痼疾弗瘳，亦且奈之何哉！」（永覺和尚《寱言》）

為什麼說洪覺範沒有大澈大悟呢？現在抄錄《指月錄》靈源清禪師的公案一節為證：

「洪覺範與師（靈源清），為法門昆仲。嘗聞靈源論曰：今之學者，未脫生死，病在什麼處？在偷心未死耳！然非其罪，為師者之罪耳！如漢高帝給韓信而殺之，信雖曰死，其心果死乎？古之學者，言下脫生死，效在什麼處？在偷心已死。然非學者自能爾，實為師者，鉗錘妙密也。如梁武帝御大殿，見侯景，不動聲氣，而景之心已枯竭無餘矣。諸方所說，非不美麗。要之，如趙昌畫花逼真，非真花也」。

再抄錄《指月錄》中洪覺範禪師公案一節：

「洪覺範曰：靈源禪師謂余曰：道人保養，如人病須服藥，藥之靈驗易見，要須忌口乃可。不然，服藥何益？生死是大病，佛祖言教是良藥。污染心是雜毒，不能忌之，生死之病無時而損也。余愛其言」。

靈源清與洪覺範兩位大師，是師兄弟，靈源大師多次當面訓挫洪覺範的事，可以證明洪覺範當時的見地，確實是有問題的。

南宋的禪宗大師大慧杲，在未悟之前，著作很多，他的文字禪早已名震四方。有一次，大慧杲去看洪覺範，洪便認為大慧有特殊的奇悟，自己覺得雖有廿年的用功，也不過如此而已（參看下一章〈機鋒轉語〉）。

當時，大慧杲聽了洪的意見，反而對禪宗發生了懷疑，以為禪宗只是虛無縹緲的空頭理論，並沒有真實的事，心中非常反感。後來大慧如果沒有遇見圓悟勤大師，對他另加指導鍛鍊的話，大慧也就不會成為偉大的禪宗大宗師了。

又如明代末年的漢月藏（三峰藏），在未出家之前，就自認已經開悟了；

出家以後，從密雲悟那裡悟解了一些佛法，並不透徹，但以文字禪名滿天下。於是漢月這一支派，就是這個所謂〇〇之禪，但卻流布極廣。

密雲禪師不得已，就著了一本書，書名為《闢妄》，批評漢月的錯誤；但是漢月的弟子們，個個擅長文筆，又著了一本書，名叫《闢妄救》，以支持老師漢月。

密雲禪師是一個注重行履，講究實際修行的禪師，對於文字不太專長，在這種狀況下，也就不願再多辯論了。

到了清朝的雍正皇帝，不但對漢月一派大加批評，並且下令漢月派的徒弟們，改歸臨濟宗，否則就強迫還俗；並且又將漢月宗派的著作，全部燒毀（見《雍正御製語錄》序等），宗門因此得以清理，也替密雲悟出了一口氣。

二十世紀以來，學術之禁已經大開，漢月藏一系的書籍，還有湛愚老人所著《心燈錄》一書，到處流布，刊行甚廣，許多學禪的人，還把這本書當做寶典。像這種情況，真可說心燈暗淡已極，禪宗宗眼不明，誤己誤人，沒有比這些事更可怕的了。

世上的名利兩事，連聖賢都不能避免，住在世上的人，哪裡能夠完全免掉名利之心呢？

不過，一個人如要決心丟掉名利，也是絕對可以辦到，絕對能夠成為默默無聞的。

像隱山和尚一樣，偶然被洞山和密師伯找到，就立刻把自己所住的茅庵燒掉，又躲到更深更深的山裡去了，並且還說了一個偈子：

三間茅屋從來住　一道神光萬境閑
莫把是非來辨我　浮生穿鑿不相關
一池荷葉衣無數　滿地松花食有餘
剛被世人知住處　又移茅屋入深居

又如南嶽的懷志庵主，最初是講經法師，共經十二年之久，學人們爭先恐後去皈依他。後來，他從真淨和尚處，得悟禪宗心法，真淨和尚對他說：你雖然經論講得比人都強，可惜因緣太差，福德不勝道力。

懷志師明白這話的含義，就辭了真淨，到山中隱居去了，大家再三挽請他出山，都未被他接受。懷志住在衡嶽石頭的庵中，二十年不到人世間來，他有偈子說：

萬機休罷付癡憨　蹤跡時容野鹿參
不脫麻衣拳作枕　幾生夢在綠蘿庵

平時我常說，富貴利祿為人爵，「名」為天爵，但都不是可以強求的，如果強求的話，就會招來禍患，我曾以自身作過試驗，然後才知真實不虛。後世的禪人們，有些人在工用見地上，稍稍有一點心得，就去抄襲前賢的遺著，或者杜撰學名，或者自稱著作，或者請他人代為著作出版等，實在是好出名太甚了。

不過，這種事古代也早就有了，且看宋人鄭昂，在《景德傳燈錄》的後記中所說的：

「《景德傳燈錄》，本住湖州鐵觀音院僧拱辰所撰。書成，將游京師投進，途中與一僧同舟，因出示之。一夕，其僧負之而走。及至都，則道原者已進而被賞矣。此事與郭象竊向秀《莊子註》同。拱辰謂：吾之意，欲明佛祖之道耳。夫既已行矣，在彼在此同。吾其為名利乎？絕不復言。拱辰之用心如此，與孔子人亡弓，人得之之意同，其取與必無容私」。

由獨家的語錄，彙集成為公案的書，有《正法眼藏》《景德傳燈錄》《人天眼目》（這本書錯誤很多）《五燈會元》《指月錄》等。《指月錄》這本書，完成於明代，是由一個居士，名叫瞿汝稷所選輯的。

自從《指月錄》出版以後，學禪的人，不論僧俗，都是人各一冊，大談公案，以相互敲擊，所謂：「斗大茅庵，亦皆供奉。腰包衲子，無不肩携」。禪宗公案故事，甚至成為講經說法的點綴品，公案穿插得越多，講者的名氣也就越大越熱鬧。公案的用處變成如此，也只好算是禪門不幸中之幸了。

可是，當《指月錄》剛出版時，出家人中認為不以為然的，也有很多，就與目前的情形一樣，因為許多人認為，佛法是屬於出家人的事，居士們不應該荷擔大法。雲門僧宏禮，在《指月錄》序文中說：「當時老宿有異議，謂俗漢之書，學者不當經目。先師哂之曰：此殆如以峨嵋之月，祇落錦江，不經吳會也」。

其實，到了末法時代的今天，禪門寥落，禪宗還能夠被世人知道，就是因為《指月錄》等，這些彙書的功勞。

清康熙年間，有一個儒家學者聶先（字樂讀），繼續瞿汝稷的《指月錄》之後，編了一部《續指月錄》。

這部《續指月錄》，雖然比不上《指月錄》的謹嚴，但作者卻「竭三十年血力，手胼足胝，而為此書」。在這本續集中，編者彙集了「南宋隆興以後三十八世之宗派，上下五百年之慧燈」（見原書余懷序），其功也不能算小！可是，《續指月錄》出版後，又受到當時一般人的批評，世界上我是人非的爭論，滔滔不絕，古今都是一樣，實在是一件可嘆的事。

公案是什麼？可以說公案猶如儒家所說的學案。

公案不僅是講述典故記事的學問，並且是古德先賢們學禪心得的敘述。公案的原始用意，是使後世的學人們，能夠觀摩前輩用功悟道等因緣，作為自己努力的參考，並且印證心得。

然而，讀公案的時候，也像讀語錄一樣，應該明白其中有真有假，並且深淺難測，千萬不要以為，在書中刊列的，都是屬於大悟的事實記載。

尤其是公案中記載禪門古德的言辭，所用的都是語體，與所有佛學經典的言論，有些地方難免稍有出入，不能完全相同；再加上刻板印刷的錯誤，烏焉二字分不清楚，馬焉二字相混弄錯，到處都有。所以必須對證參考，才能瞭解，否則，離開經典的說法，殊覺不妥。

而且，大師們又常用鄉音土語講說，在公案中讀到他們的遺言時，必須先要瞭解他是哪裡人，在哪裡說的話，然後才能透過他的方言，瞭解他所講的真意。這一切，都是讀古德公案的先決條件。

余懷在《續指月錄》的序文中，稱公案如兵符一樣，他提示後來的學人，讀公案要像用兵出師，必先驗明印符軍令，如果印符不錯，才可以行動，這個比喻非常恰當，為進一步說明起見，現節錄《續指月錄》余懷的序文如下：

「魏公子無忌矯竊兵符，椎殺晉鄙，奪其兵救趙。李光弼為大將，御史崔眾犯軍法，勒兵欲斬之。適中丞之命至，光弼曰：為御史則斬御史，為中丞則斬中丞。竟斬之，而後以聞。有如此膽力，方可以辯綱宗之絕續也。韓信在漢，為治粟都尉。道亡，蕭何追之，言之漢王，拜為大將，一軍皆驚。韓琦駐延安，有刺客入帳行刺，琦起坐問曰：誰遣汝來，携吾首去？有如此識度，方可定綱宗之品位也。苻堅率兵百萬，次於淮淝。謝玄入請，謝安了無懼容，曰：已別有旨。及玄破堅，安亦無喜色。曰：小兒輩遂已破賊。澶淵之役，寇準勸真宗渡河，真宗使人覘準何為，方閉門縱僮僕飲博歡呼。契丹懼而請盟。有如此襟器，方可分綱宗之語句也。嗚呼！豈不難哉！近世魔外盛行，宗風衰落，盲棒瞎喝，予聖自雄。究其所學，下者目不識丁，高者不過携《指月錄》一部而已！以此誑人，實以自誑，以此欺人，實以自欺。惟誑與欺，不可以為人，而可以學道乎？不可以學道，而可以踞法王座，秉金剛劍，稱西來之嫡子，提如來之正印乎？故吾嘗以謂習儒者，不讀「四庫」「七略」之書，不覩「經史典籍」之大全，止以「通鑑」「集要」「史斷」「史鈔」為博古，遂自命曰通儒；猶之習禪者，不讀一大藏教契經，不覩經論撰述之大全，止以《指月錄》一部為談柄，遂自命曰善知識，皆自誑自欺者也。故使從上綱宗，源遠流長，如水歸壑者，固瞿子之功；使盲棒瞎喝，一知半解，如螢竊火者，亦瞿子之過也。……夫聶子固儒者也，乃不辭呵斥，不顧詬罵，犯眾怒，嬰大難，手胼足胝而為此書，譬程嬰公孫杵臼之立孤，南霽雲雷萬春之捍賊，但欲使隆興以後三十八世之宗派，上下五百年之慧燈，瞭然明白，即遭明眼之呵斥，諸方之詬厲，亦怡然受之矣」。

清朝的文人金聖嘆，對佛學有深入的研究，曾經用《易經》的理，來解釋佛法，他特別注意禪宗，批判古德公案，題為《聖人千案》。《聖人千案》刊載於《唱經堂彙稿》中，稱為「聖嘆內書」，金氏見解鋒利新穎，出語奇特，不過，仍然是屬於慧業文人的文字禪而已，只能把它與批評諸才子書，一律看待，而不能算是入流禪宗。

惟金氏在《聖人千案》序言中，有很多見解，頗具智慧，現節錄如下，以供欣賞：

「考死囚者，取官與囚一一往復語，備書而刀刻之曰案。治篤疾之醫，亦取病之第幾日，見何症，投何藥，備書之曰案。案只是人家几案之屬，特以死囚篤疾，其事重大，非可以一人之見為定，又不可以後之人，且有他議，于是先作為出入移換之地，故不得書之於楮。而必以案者，明一成而不可更動也。近世不知何賢，取歷代聖人垂機接物之云為，凡若干章，輯而成書，名曰公案，是甚得用案字之法。譬諸死囚，則聖人與學人，只是兩造對質，理長則聽，其詞具在。並無旁人上下一字，一聽後官依科判決。又譬諸篤疾，則學人是病，聖人是藥，如是病，如是藥，醫人胸中，本無奇特，病有千變，藥即隨之。因藥病愈，藥不任恩，執藥病增，藥亦非怨。縱彼服藥，遂反致死，是人自死，藥不死人。心不負人，面有何慚。其又冠以公云者，言此事大道為公，並非聖人之所獨得而私也。己丑夏日，日長心閒，與道樹坐四依樓下，啜茶喫飯，更無別事。忽念蟲飛草長，俱復勞勞，我不耽空，胡為兀坐？因據其書次第看之，看老吏手下，無得生之囚，不勝快活。看良醫手下，無誤用之藥，又不勝快活。同其事者，家兄長文友劉逸民，皆所謂不有博弈，賢於飽食群居者也。聖嘆書」。

在《續指月錄》一書中，記載得相當複雜，因為宋元以後，禪門已走向衰落之途，所以，在那一段時期中，可取的資料，也不太多。即使已經列入《五燈會元》，或《指月錄》等書的禪師們，由所記載的公案語錄看來，沒有澈悟的，也大有人在。不能認為凡載於書中的，一定都是開悟之輩。黃檗禪師曾說過：

「闍黎，不見馬大師下有八十四人坐道場，得馬祖正法眼者，止兩三人。……但知學言語，念向皮袋裏安著，到處稱我會禪，還替得生死麼？輕忽老宿，入地獄如箭！」

這裡特別簡選幾則公案，作為鑒別的參考。

「靈默禪師初謁馬祖，次謁石頭，便問：一言相契即住，不契即去。石頭據坐，師便行。頭隨後召曰：闍黎。師回首。頭曰：從生至死，祇是這個，回頭轉腦作麼？師言下大悟」。

評：如果只是認得這個就是，實在不能說已經是澈悟。靈默禪師的見解，究竟是不是大悟？抑是以後再進步而達到大悟？實在不敢隨便斷定。後世的人，誤認為這個就是，認為住昭昭靈靈的，便是主人公禪的人，實在太多了。

「寶積禪師因於市肆行，見一客人買豬肉，語屠家曰：精底割一斤來。屠家放下刀，叉手曰：長史！那個不是精底？師於此有省」。

評：從這一段的記載來看，當時的寶積禪師，也只是認得這個而已。

「又一日，出門，見人舁喪。歌郎振鈴云：紅輪決定沉西去，未審魂靈往那方？幕下孝子哭曰：哀！哀！師身心踴躍，歸舉似馬祖，祖印可之。住盤山寶積」。

評：寶積到此才真的悟了。

「趙州從諗禪師，參南泉，許其入室。他日，問泉曰：如何是道？泉曰：平常心是道。師曰：還可趣向也無？泉曰：擬向即乖。師曰：不擬爭知是道？泉曰：道不屬知，不屬不知，知是妄覺，不知是無記；若真達不疑之道，猶如太虛，廓然蕩豁，豈可強是非耶！師於言下悟理」。

評：一般人只知道，趙州和尚八十猶行腳，這話常常成為參禪人的話柄。豈不知，趙州的悟入，只是在義理上得到知解，而不是頓悟入門。「理雖頓悟，事資漸修」，這是說明實際修行和理解，是相互配合呼應，必須用數十年的苦工，才能真實到達。趙州八十歲還行腳參方，也是只為鍛鍊自己這一招而已。

「溈山參百丈，侍立次，丈問：誰？師曰：某甲。丈曰：汝撥爐中有火否？師撥之，曰：無火。丈躬起，深撥得少火，舉以示之曰：汝道無，這個聻！師由是發悟，禮謝，陳其所解。丈曰：此乃暫時歧路耳，經云：欲識佛性義，當觀時節因緣，時節既至，如迷忽悟，如忘忽憶，方省己物，不從外得。故祖師云：悟了同未悟，無心亦無法。祇是無虛妄凡聖等心，本來心法，元自備足，汝今既爾，善自護持。次日，同百丈入山作務。丈曰：將得火來麼？師曰：將得來。丈曰：在甚麼處？師拈一枝柴，吹兩次，度與百丈。丈曰：如蟲禦木」。

評：溈山和尚最初也只認得這個，以後漸漸進入澈悟的境界，才算完成了這件大事。所以百丈也曾說過：如蟲禦木，偶爾成文。像這一類的公案，多不勝舉，讀者很須要小心，不可一味亂讀，把所有公案，都當做正確無誤的。例如：

「靈雲因見桃花而悟道，有偈曰：三十年來尋劍客，幾回落葉又抽枝，自從一見桃花後，直至如今更不疑。溈山覽偈，詰其所悟，與之符契。囑曰：從緣悟達，永無退失，善自護持」。

評：靈雲的悟，並不是知解的悟，而真是證悟。不過，他只是悟到前面一截，所以溈山又囑咐他，要善自護持，就是要他保任長養的意思。

「五臺山智通禪師，初在歸宗會下，忽一夜連叫曰：我大悟也！眾駭之。明日上堂，眾集，宗曰：昨大悟底僧出來！師出曰：某甲。宗曰：汝見甚麼道理，便言大悟？試說看？師曰：師姑原是女人做。宗異之。師便辭去。宗門送，與提笠子，師接得笠子戴頭上便行，更不回顧。後居臺山法華寺。臨終有偈曰：舉手攀南斗，回身倚北辰，出頭天外看，誰是我般人？」

評：像智通禪師這樣，真正大澈大悟的人，自古到今，並不多見。但他究竟大悟了什麼事？學人必須仔細小心的揀練，不可以亂學才行。

前面列舉一些公案，作為說明參考，在我們看公案的時候，很需要智力，不能只記公案中的言談行為，用以作為談論的資料。

在《五燈會元》和《指月錄》等書中，所收集的禪門資料，包括了許多一生未澈悟的人。未悟而說悟，就等於信陵君偷取兵符，假託王命而亂殺真正的統帥晉鄙一樣，那是最要不得的事。

一個禪宗的學人，就算能夠達到坐脫立亡的境界，也只能讚美他修行工夫好，如果因此而認為他悟道的見地透澈，卻也並不見得。就算死後舍利子無數，或者肉身不壞，也只能稱其為法門中的模範，千萬不可被這個現象騙住，而認為他一定是大澈大悟的得道高人了。

我現在不惜用眉毛掃地（賤用珍品的意思，也有大慈悲的涵義），對古人略加檢討，雖然有些浪漫不羈的情調，但是我的內心是非常嚴肅的，自願背負狂妄的果報，也不能不吐出肺腑真言。但願參禪的學人們，不要因為我的狂妄，而落入陷阱，但願眾生都成佛去了，我願追隨地藏菩薩的後面，在地獄中遲一點成就無妨。

如果知見不正，妄自為是，裝模作樣，將自己的愛惡之心，作為批評他人的標準，結果是輕慢他人，反被他人輕慢。何不如自己努力修行，嚴守語戒，反而划得來。

機鋒轉語

禪宗門中有一種話，稱為機鋒轉語，這是宗門中的一種特別作風，目的是測驗學人的見地和成就。

機鋒轉語是一種問答辯論的說話方式，有時用鄉村俚語俗話去表達；有時則說些風馬牛不相干的言語；有時祇是揚眉瞬目、擠眉弄眼一番；有時或者棒打一下，或者大喝一聲。總之，不論如何表達，這些言語行動，都有很深的涵義，絕不是毫無根據的胡鬧。

有些禪宗的學人，見地尚未成熟，工用也絲毫沒有，卻勉強去學些古人的機鋒轉語，不過是一些皮毛，然後在宗門中東闖西跑，用機鋒語與人鬥嘴相爭。這簡直是畫虎不成反類犬，猶如醜陋的嫫母效顰，豈不笑煞人了。如果稱這一類人為口頭禪，還算對他們客氣，實際上他們的作為，是在亂搞，自誤誤人，徒自成為禪魔而已。

古德們運用機鋒，有時是在同參道友相見時，偶爾遊戲三昧，在談笑之間，稍微涉入風趣的契機，如同現時代的幽默對答。這類的機鋒，固然可供後人一時的欣賞，但是不可執著而當定規來看，更不可效法學習。

機鋒到底是什麼？

有特殊銳利眼光的宗師，為了勘驗學人見地工用的程度，而說的話語，就是打機鋒。

打機鋒時，就像是上陣交鋒，短兵相接，當機不讓，鋒利無比。

有時使用機鋒時，是把握適當機緣，為了接引學人，所說的機鋒語，就像快刀斬物一樣，立即切斷學人的意識情根，使學人能夠從根塵中透脫出來，悟入心地。

有時，程度差不多的兩個人，也會打機鋒。因為程度深淺不敢確定，一方故意設一個陷虎迷陣，試著捕捉一番，就好比用竹竿去探水的深淺一樣，以測驗對方見地工用的程度。

經過這樣的一探之後，在一句轉語之下，掃除陣陣疑雲，兩人便會心一笑，就彼此心照不宣了。

所以機鋒並不是無意義的，更不是隨便亂說的。禪門古德的機鋒，用字多數文雅幽默，不同凡響，而且格調新奇，並不是平時常見的習慣語。後來，許多打機鋒的人，往往是預先想妥，變成奇特的語句，作為打機鋒之用，實在醜陋之至。

古德說：「掣電之機，不勞佇思」、「言思即錯，擬議即乖」、「思而知，慮而得，乃鬼家活計」。

可見機鋒不是事先準備的，而是在應機接物的剎那間，從自己內心實相，自然流露出來的話語。所以，機鋒轉語，哪裡是可以亂加猜測的呢？

釋迦所說的經、律、論三大藏經教，都是相應當時學人的機緣，所以，都應該算是佛的機鋒轉語。

禪門古德在開示時，所用的語言都很平實，直接顯示心地，也算是真心的機鋒轉語，哪裡需要什麼奇言妙句去表達呢？

有些打機鋒的人，甚至學女人拜一下，學鵓鴣叫一聲，或者掀一下禪床，畫一個圓圈等，古里古怪的作風，去表達機鋒。這真是宗門中最大的流弊，倒使人替三世諸佛大喊冤枉了。

機鋒的種類，歸納起來，約可分為六種：

一、接引學人，二、勘驗見地，三、辨器搜括，四、鍛鍊盤桓，五、換互開眼，六、簡鍊操履。

下面再簡單加以討論這幾種機鋒，實際上說，討論這些機鋒，等於是刻舟求劍，劍去已遠，吠影掠虛，本來不實；都是些語言文字，無用的多餘事，如果臨濟在世，定被他喝打一頓。

但是，討論機鋒究竟有用無用，與我無關，見仁見智，只有個人自己知道，作者的本意，祇是：「不惜師子絃，為君千萬彈」。

接引學人

「百丈參馬祖，為侍者，經三年，一日，侍馬祖行次，見一群野鴨子飛過，祖曰：是甚麼？師曰：野鴨子。祖曰：甚處去也？師曰：飛過去也。祖遂把師鼻扭，負痛失聲，祖曰：又道飛過去也？師於言下有省。師再參，侍立次，祖目視繩床角拂子，師曰：即此用，離此用。祖曰：汝向後開兩片皮，將何為人？師取拂子豎起。祖曰：即此用，離此用。師掛拂子於舊處。祖振威一喝，師直得三日耳聾」。

評：在這個公案中，開始是述說馬祖接引百丈時，所用機會教授法的機鋒，接著就是機鋒的轉語。

這段公案，不可以隨便草草讀過去，一定要仔細的讀。試問，馬祖在三年之中，為什麼要在野鴨子飛過來時，才接引百丈呢？又，為什麼要扭百丈的鼻子，而不用別的方法？

百丈於負痛後就有省，也就是說有點明白了。他明白的又是什麼？他明白的程度又如何？

百丈侍立在馬祖旁邊，馬祖為什麼要眼看那個拂子？師徒二人都曾說過「即此用，離此用」。但馬祖為什麼認為百丈不對？為什麼再說：「即此用，離此用」，然後振威大喝一聲？為什麼百丈聽了又耳聾了三天？以上的問題，學人都要自己仔細參究才對。

「水潦和尚問馬祖，如何是西來的的意？祖乃當胸踏倒，師大悟。起來拊掌呵呵大笑云：也大奇，也大奇，百千三昧，無量妙義，只向一毛頭上，一時識得根源去。乃作禮而退。師後告眾云：自從一喫馬祖踏，直至如今笑不休」。

評：水潦和尚問達摩祖師西來的法意，馬祖何必把他弄倒在地，踏著他的胸口呢？和尚卻因此而悟了。他悟了什麼？悟的程度又如何？什麼又是「直至如今笑不休」？

其他還有許多接引學人的機鋒公案，如鳥窠禪師，吹布毛接引學人，多麼的輕鬆。雲門祖師被睦州接引時，殘廢了一隻腳，又是多麼的刻毒。圓悟勤在花街柳巷，聽到豔詩而開悟，又是多麼的風趣。慈明用謾罵的方法接引學人，又是多麼的粗魯。

大師們悟入佛法的因緣，雖然各不相同，但是，卻都是仰仗了宗師們心狠手辣，能在他們的病根處，毒下一刀，才使他們自己明白，自己證悟了才止。這些觀機應接所用的機鋒，好像陷阱機關一樣，碰上去的話就喪身失命，絕不簡單。

有些沒有這種通天眼光和手段的人，卻自稱為宗師，結果在他教化下的千千萬萬學生中，連一個開悟的都沒有。因為這些自認為宗師的人，接引學人時，只會死守成規，不會隨機應變，更不會因人施教，結果不但耽誤了別人，也耽誤了自己。

其實，這些自稱為宗師的人，何不自己想一想，度眾生是在作什麼？所度的人又是怎麼樣的人？自己應該清心切實反省，怎麼能夠再為自己找藉口呢？

勘驗見地

「夾山上堂，僧問如何是法身？山曰：法身無相。曰：如何是法眼？山曰：法眼無瑕。道吾不覺失笑。山便下座，請問道吾：某甲適來祇對這僧話，必有不是，致令上座失笑，望上座不吝慈悲。吾曰：和尚一等是出世，未有師在。山曰：某甲甚麼不是，望為指破。吾曰：某甲終不說，請和尚即往華亭船子處去。山曰：此人如何？吾曰：此人上無片瓦，下無卓錐，和尚若去，須易服而往。山乃散眾束裝，直造華亭。船子纔見，便問：大德住甚麼寺？山曰：寺即不住，住即不似。師曰：不似似個甚麼？山曰：不是目前法。師曰：甚處學得來？山曰：非耳目之所到。師曰：一句合頭語，千古繫驢橛。師又問：垂絲千尺，意在深潭，離鈎三寸，子何不道？山擬開口，被師一橈打落水中。山纔上船，師又曰：道！道！山擬開口，師又打。山豁然大悟，乃點頭三下。師曰：竿頭絲線從君弄，不犯清波意自殊。山遂問：拋綸擲釣，師意如何？師曰：絲懸綠水，浮定有無之意。山曰：語帶玄而無路，舌頭談而不談。師曰：如是，如是。遂囑曰：汝向去直須藏身處沒踪跡，沒踪跡處莫藏身，吾三十年在藥山，祇明斯事，汝今已得，他後莫住城隍聚落，但向深山裡，钁頭邊，覓取一個半個接續，無令斷絕。山乃辭行，頻頻回顧。師遂喚闍黎，山乃回首。師竪起橈子曰：汝將謂別有？乃覆船入水而逝」。

評：夾山回答僧人的問話，錯在哪裡？夾山大悟之後，再出來上堂時，道吾又問同一問題，夾山的回答仍然如舊，但是道吾卻說：「這番澈也」。同樣的一個問題，為什麼先前的回答是錯，後來同樣的回答就是對？這些地方，就是勘測學人的顯微鏡法。

在夾山未悟前，能夠不恥下問，這種真心求道的精神，很值得學習。至於船子勘驗來學的夾山，所用的接引機用，又是多麼的眼明手狠！關鍵又在什麼地方？

夾山後來上堂仍說：「不是目前法，非耳目之所到」，又是為了什麼？夾山在未見船子以前，已有些省悟了，但缺乏老師的錘鍊印證。那麼夾山先前省悟所得，到了什麼程度？為什麼又必須宗師的再加錘鍊呢？

「洛浦乃臨濟得意弟子，因臨濟謂其見地未徹，妄自尊大，負氣而走。濟明日陞堂曰：臨濟門下，有個赤梢鯉魚，搖頭擺尾向南方去，不知向誰家家虀甕裡淹殺！師遊歷罷，直往夾山卓庵，經年不訪夾山。山乃修書，令僧馳往。師接得，便坐卻，再展手索，僧無對。師便打，曰：歸去舉似和尚。僧回舉似。山曰：這僧開書，三日內必來，若不開書，斯人救不得也！夾山卻令人伺師出庵，便與燒卻。越三日，師果出庵，人報曰：庵中火起！師亦不顧。直到夾山，不禮拜，乃當面叉手而立。山曰：雞棲鳳巢，非其同類，出去！師曰：自遠趨風，請師一接。山曰：目前無闍黎，此間無老僧。師便喝，山曰：住！住！且莫草草怱怱，雲月是同，溪山各異，截斷天下人舌頭，即不無闍黎，爭教無舌人解語？師佇思，山便打。因茲服膺。一日問山，佛魔不到處如何體會？山曰：燭明千里像，闇室老僧迷。又問：朝陽已昇，夜月不現時如何？山曰：龍銜海珠，遊魚不顧。師於言下大悟。山將示寂，垂語曰：石頭一枝，看看即滅矣！師曰：不然！山曰：何也？師曰：他家自有青山在。山曰：苟如是，即吾宗不墜矣」。

評：洛浦稍有心得，就得意驕狂起來，臨濟雖然高明，對付洛浦卻沒有辦法。洛浦到夾山後，目中無人，自視極高，夾山故設迷陣，慈悲接引。等到見面時，洛浦又用臨濟門下學來的棒喝，大吵大叫，但夾山不動聲色，只用斯斯文文的話語，加以阻止，問得洛浦無言回答，無理可伸，然後夾山再用棒打方法，對付洛浦。同樣的用棒，為什麼如此不同？洛浦因此反而能大澈大悟，成為夾山的法嗣。宗師們用盡苦心度人，勘驗接引悟緣的奇特，又是怎麼回事？

談到勘驗學人，設法接引，宗門公案中的例子很多，宗師們無一不是眼明手快，立刻使學人悟入，豈是那些自稱有法給人，卻無一點接引能力的人們所能相比！自稱宗師大德的人，對這一點快點自我反省吧！

辨器搜括

這是辨別學人根器，搜括學人見地的一種教授法。

「雪峯與巖頭至澧州鼇山鎮，阻雪，頭每日祇是打睡，師一向坐禪，一日喚曰：師兄！師兄！且起來！頭曰：作甚麼？師曰：今生不著便，共文邃（雪峯名）個漢行腳，到處被他帶累，今日到此，又只管打睡。頭喝曰：噇！眠去。每日牀上坐，恰似七村裏土地，他時後日，魔魅人家男女去在。師自點胸曰：我這裏未穩在，不敢自謾。頭曰：我將謂你他日向孤峯頂上，盤結草庵，播揚大教，猶有這個語話？師曰：我實未穩在！頭曰：你若實如此，據你見處，一一道來，是處當為你證明，不是處為你剗卻。師曰：我初到鹽官，見上堂舉色空義，得個入處。頭曰：此去三十年，切忌舉著。又見洞山過水偈曰：『切忌從他覓，迢迢與我疏。渠今正是我，我今不是渠』。頭曰：若與麼，自救也未徹在！師又曰：後問德山，從上宗乘中事，學人還有分也無？德山打一棒，曰：道甚麼？我當時如桶底脫相似。頭喝曰：你不聞道：從門入者，不是家珍。師曰：他後如何即是？頭曰：他後若欲播揚大教，一一從自己胸襟流出，將來與我蓋天蓋地去！師於言下大悟，便作禮起，連聲叫曰：師兄！今日始是鼇山成道」。

「太原孚上座，初在揚州光孝寺講《涅槃經》。有禪者阻雪，因往聽講，至三因佛性、三德法身，廣談法身妙理，禪者失笑。師講罷，請禪者喫茶。白曰：某甲素志狹劣，依文解義，適蒙見笑，且望見教。禪者曰：實笑座主不識法身。師曰：如此解說，何處不是？曰：請座主更說一遍。師曰：法身之理，猶若太虛，竪窮三際，横亙十方，彌綸八極，包括二儀，隨緣赴感，靡不周徧。曰：不道座主說不是，祇是說得法身量邊事，實未識法身在！師曰：既然如是，禪德當為代說。曰：座主還信否？師曰：焉敢不信。曰：若如是，座主輟教旬日，於室內端坐靜慮，收心攝念，善惡諸緣，一時放卻。師一依所教，從初夜至五更，聞鼓角聲，忽然契悟，便去扣門。禪者曰：阿誰？師曰：某甲！禪者咄曰：教汝傳持大教，代佛說法，夜來為甚麼醉酒臥街？師曰：禪德，自來講經，將生身父母鼻孔扭捏，從今已去，更不敢如是。禪者曰：且去，來日相見。師遂罷教，偏歷諸方，名聞宇內」。

評：前面兩個公案，都是辨別根器，搜括學人見地的教授法，像這一類的方法，還有不少類似的事例，但是它的作用更加險峻，來不及一一的舉例。總之，宗門大匠們的作風，是處處設置方便，隨機應變，慈悲無盡。

機鋒轉語並無一定的規則，卻又不是一仍不變的口頭禪。宗師們在應用機鋒時，已先辨清了學人的根器，再順隨機緣加以接引，將學人平生最執著的問題，儘量搜括出來，才能使學人省悟。

佛經上說：「應以何身得度，即現何身而為說法」，所以成為一個真正的宗師，哪裡是容易的事呢！

鍛鍊盤桓

「慈明聞汾陽昭禪師，道望為天下第一，決志親依。時朝廷方問罪河東，潞澤皆屯重兵，多勸其無行，師不顧，渡大河，登太行，易衣類廝養，竄名火隊中，露眠草宿，至龍川，遂造汾陽。昭公壯之。經二年，未許入室。師詣昭，昭揣其志，必詬罵使令者，或毀詆諸方，及有所訓，皆流俗鄙事。一夕訴曰：自至法席，再夏，不蒙指示，但增世俗塵勞，念歲月飄忽，己事不明！夫出家之利……語未卒，昭公熟視罵曰：是鳥知識，敢稗販我？怒舉杖逐之。師擬伸救，昭公掩其口，師乃大悟。曰：乃知臨濟道出常情。服役七年，辭去」。

「太史山谷居士黃庭堅，既依晦堂，乞指徑捷處。堂曰：祇如仲尼道：二三子，以我為隱乎？吾無隱乎爾者！太史居常如何理論？公擬對，堂曰：不是！不是！公迷悶不已。一日，侍堂山行次。時岩桂盛開，堂曰：聞木樨花香麼？公曰：聞。堂曰：吾無隱乎爾！公釋然，即拜之曰：和尚得恁麼老婆心切？堂笑曰：祇要公到家耳。久之，謁死心新禪師，隨眾入室。心見，張目問曰：新長老死，學士死，燒作兩堆灰，向甚麼處相見？公無語。心約出曰：晦堂處參得底，使未著在！後貶官黔南，道力愈勝，於無思念中，頓明死心所問；報以書曰：往年嘗蒙苦苦提撕，長如醉夢，依稀在光影中。蓋疑情不盡，命根不斷，故望崖而退耳！謫官在黔南道中，晝臥覺來，忽爾尋思，被天下老和尚瞞了不少，惟有死心道人不肯，乃是第一相為也」。

「湛堂準禪師，初謁梁山乘禪師。乘曰：驅烏未受戒，敢學佛乘乎？師捧手曰：壇場是戒耶？三羯磨、梵行、阿闍黎，是戒耶？乘大驚！師笑曰：雖然，敢不受教。遂受具足戒於唐安律師。既謁真淨。淨問：近離何處？師曰：大仰。曰：夏住甚處？師曰：大溈。曰：甚麼人？曰：興元府。淨展手曰：我手何似佛手？師罔測。淨曰：適來祇對，一一天真，及乎道個我手何似佛手，便成窒礙，且道病在甚麼處？師曰：某甲不會。曰：一切現成，更教誰會？師服膺，就弟子之列，十餘年，所至必隨。紹聖三年，真淨移居石門，衲子益盛，凡入室扣問，必瞑目危坐，無所示。見來學，則令往治蔬圃，率以為常。師謂同行恭上座曰：老漢無意於法道乎？一日，舉杖決渠，水濺衣，忽大悟，走敘其事。淨詬曰：此乃敢爾藞苴耶？自此跡愈晦，名益著」。

「大慧杲，人嘗謂是雲峯悅後身，徧歷諸方，嘗參湛堂準。說亦說得，會亦會得。湛堂屢呵為杜撰禪和。其性俊逸不羈。湛堂一日視師指爪曰：想東司頭（廁所）籌子（大便時用），不是汝洗？師承訓，即代黃龍忠道者作淨頭（清掃廁所）。九月，湛堂疾亟，師問曰：倘和尚不復起，某甲依誰可了此大事？堂曰：有個勤巴子，我雖不識渠，然汝必依之，可了汝事。若見渠不了，便修行去，後世出來參禪。堂寂後，復謁靈源草堂諸大老，咸被賞識。與洪覺範遊，覺範嘗見其十智同真頌云：兔角龜毛眼裏栽，鐵山當面勢崔巍。東西南北無門入，曠劫無明當下灰。歎曰：作怪！我二十年做工夫，也只到得這裏！又過無盡（宋相張商英居士），無盡與論百丈再參馬祖因緣，無盡亟賞之，促師見圓悟；及悟住天寧，師往依之，自惟曰：當以九夏為期，其禪若不異諸方，妄以余為是，我則造無禪論去也；枉費精神，蹉跎歲月，不若宏一經一論，把本修行，使他生後世，不失為佛法中人。暨見悟，晨夕參請，悟舉雲門東山水上行語令參。師凡呈四十九轉語，悟不肯。悟一日陞座，舉雲門語曰：天寧即不然，若有人問：如何是諸佛出身處，但向他道：薰風自南來，殿角生微涼。師聞舉豁然，以白悟。悟察師雖得前後際斷，動相不生，卻坐淨躶躶處。語師曰：也不易，你到這個田地，可惜死了不能得活。不疑言句，是為大病，不見道：懸崖撒手，自肯承當，絕後再蘇，欺君不得，須知有這個道理。師言：某甲只據如今得處，已是快活，更不須理會得也。悟令居擇木堂，為不釐務侍者，日同士大夫閒話，入室日不下三四。每舉有句無句，如藤倚樹問之，師纔開口，悟便曰：不是！經半載，念念不忘於心。一日同諸客飯，師把箸在手，都忘下口，悟笑曰：這漢參黃楊木禪，卻倒縮去。師曰：這個道理，恰似狗看熱油鐺，欲舐舐不得，欲捨捨不得。悟曰：你喻得極好，這便是金剛圈、栗棘蓬也。一日問曰：

聞和尚當時在五祖，曾問是話，不知五祖道甚麼？悟笑而不答。師曰：當時須對眾問，如今說亦何妨？悟曰：我問：有句無句，如藤倚樹意旨如何？祖曰：描也描不成，畫也畫不就。又問：樹倒藤枯時如何？祖曰：相隨來也！師當下釋然，曰：我會也。悟遂舉數誵訛因緣詰之，師酬對無滯。悟曰：始知我不汝欺。遂著臨濟正宗記付之」。

像前面這一類的例子，太多了，說也說不完，所以雲居戒禪師說：

「不鍛鍊得法，雖龍象當前，盡成廢器，積數十年而不得一人省發也。即有一個半個，皆掜著嗑著，如蟲禦木，偶爾成文，而非鍛鍊之功也。苟明鍛鍊，雖中下資器，逼拶有方，如一期人廣，可以省發數十人也。妙喜（大慧杲）鍛五十三人而悟十三輩。圓悟金山一夕而省十八人，雖語驚時聽，而古今實有此事也。何地無水，不鑿則不溢。何木石無火，不鑽不擊則不發。……工夫未極頭，則千錘而千鍊，偷心未死盡，則百縱而百擒。務將學人曠大劫來，識情影子，知見葛藤，摟其窟穴，斬其根株，使其無地躲根，漸至懸崖撒手，一錐一劄，機候到者，不難啐地斷，嚗地折矣。……爐鞴雄強，人材奮起，不惟師承之擔子得脫，而慧命有傳，法門光大」。（《禪門鍛鍊說．垂手鍛鍊第五》）

由此看來，古德宗師，時常採取用棒用喝的方法，大慧杲手拿一根三尺長的竹板，裝作打人的樣子，以為接引。大慧杲這樣作，並不是裝門面，而是用板子作鍛鍊學人之用。

後世的禪林中，改用香板，代替大慧杲的竹板，但是並不是接引學人，而祇在打七時，拿香板打人，稱為鍛鍊，又叫做消業。他們用板子亂打，根本不知道學人的工用見地如何，學人的毛病在哪裡，更不知道機緣時間，應該如何啐啄。像這樣的胡亂打板，棒下不知活埋了多少菩薩，這些亂打香板的人，實在是佛門的罪人。

換互開眼

「德山示眾，道得也三十棒，道不得也三十棒。臨濟聞得，謂洛浦曰：汝去問他，道得為什麼三十棒？待伊打汝，接住棒送一送，看伊作麼生？浦如教而問，師便打，浦接住送一送，師便歸方丈。浦回舉似臨濟。濟曰：我從來疑著這漢，雖然如是，你還識德山麼？浦擬議，濟便打」。

「雪峯在德山作飯頭，一日，飯遲，德山擎鉢下法堂。峯曬飯巾次，見德山，乃曰：鐘未鳴，鼓未響，托鉢向甚麼處去？德山便歸方丈。峯舉似巖頭。頭曰：大小德山，未會末後句在！山聞，令侍者喚師去問：汝不肯老僧耶？師密啟其意，山乃休。明日陞堂，果與尋常不同。頭至僧堂前拊掌大笑曰：且喜堂頭老漢會末後句，他後天下人不奈伊何，雖然，也祇得三年活！山果三年後示寂」。

「黃龍南初依泐潭，及至慈明，明呵責諸方，泐潭密付之旨，皆在斥中，師為之氣索，遂造其室。明曰：書記已領徒遊方，借使有疑，可坐而商略。師哀懇愈切。明曰：公學雲門禪，必善其旨，如云：放洞山三頓棒，是有喫棒分？無喫棒分？師曰：有喫棒分。明色莊曰：從朝至暮，鵲噪鴉鳴，皆應喫棒。明即端坐，受師炷香作禮。明復問：脫如會雲門意旨，則趙州道：臺山婆子，我已與汝勘破了也，且哪裡是他勘破處？師汗下不能答。次日又詣，明詬罵不已。師曰：罵豈慈悲法施耶？明曰：你作罵會耶！師於言下大悟」。

「雲峯悅初謁大愚，值愚陞座，曰：大家相聚喫莖虀，若喚作一莖虀，入地獄如箭射。便下座。師大駭，夜造方丈。愚問：來何所求？曰：求心法。曰：法輪未轉，食輪先轉，後生趁色力健，何不為眾乞食？我忍饑不暇，何暇為汝說禪乎！師不敢違。未幾，愚移翠岩。師納疏罷，復過翠岩，求指示。岩曰：汝不念乍住，屋壁疏漏，又寒雪，宜為眾乞炭。師亦奉命。事罷，復造丈室。岩曰：佛法不怕爛卻，堂司闕人，今以煩汝。師受之，頗不樂岩。一日地坐後架，桶箍忽散，自架墮落，師忽開悟，頓見岩用處。走搭伽黎，上寢堂，岩笑迎曰：維那，且喜大事了畢。師再拜，不及吐一辭而出，服勤八年。後出世翠岩，時首座領眾出迎。問曰：德山宗乘即不問，如何是臨濟大用？師曰：你甚麼去來？座擬議，師便掌，座擬對，師喝曰：領眾歸去。一眾畏服」。

評：這裡所舉換互開眼的事例，說明了這種機鋒，只是在事上理上，輕輕加以點綴，就可以搜括學人的病根了。但是，如果自己不明心地，又怎麼能打開別人的法眼呢？這種人就像盲人瞎馬，自己坐在闇中稱佛，實在令人感慨！

一個真正的宗師，必須要氣宇如王，奪取學者這個人以及他的境界。這種斬開執著的關鎖，使學人打開法眼的教授法，等於在病人頂門上打了一針，是非常危險的急救治療法。

不過，如果沒有伯樂，雖然是驊騮，也不能成為良馬。由此看來，為宗師的人，如果自己沒有才能，是無法教人的。

簡鍊操履

「趙州自受南泉印可，乃歸曹州，省受業師。親屬聞師歸，咸欲來會。師聞曰：俗塵愛網，無有了期，已辭出家，不願再見。遂攜瓶錫，徧歷諸方。常謂：七歲兒童勝我者，我即問伊；百歲老翁不及我者，我即教他。及住趙州觀音院，燕趙二王同至院見師。師端坐不起。燕王問曰：人王尊耶？法王尊耶？師曰：若在人王，人王中尊。若在法王，法王中尊。二王聞之，歡然敬服，乃同供養。師志效古人，住持枯槁，僧堂無前後架。旋營齋食，繩床一角折，以繩繫殘薪支之。屢有願為製新者，師不許也。住持四十餘年，未曾以一書告檀越」。

「陳睦州尊宿，持戒精嚴，學通三藏，遊方契旨於黃檗。諸方歸慕，咸以尊宿稱。後居開元，恒織蒲鞋，資以養母，故復有陳蒲鞋之稱。巢寇入境，師標大草屨於城門。巢欲棄之，竭力不能舉，歎曰：睦州有大聖人。舍城而去」。

「汾陽昭得法首山後，遊湘衡間。長沙太守張公茂宗，以四名剎，請師擇之而居。師笑。一夕遯去。北抵襄沔，太守劉公昌言，憾見之晚。時，洞山谷隱皆虛席，太守敦請，辭之。前後八請，堅臥不答。淳化四年，首山歿，西河道俗千餘人，協心削牘，遣沙門契聰迎請，住持汾州太平寺太子院。師閉關高枕。聰排闥而入，讓之曰：佛法大事，靜退小節。風穴懼應讖，憂宗旨墜滅，幸而有先師；先師已棄世，汝有力荷擔如來大法者，今何時，而欲安眠哉？師矍起，握聰手曰：非公不聞此語！促辦嚴，吾行矣。既至，宴坐一榻，足不越閫者三十年，天下道俗仰慕，不敢名，同曰汾州」。

「黃龍南住歸宗時，一夕火起，大眾譁動山谷，而師安坐如平時。僧洪準欲掖之走，師叱之。準曰：和尚縱厭世相，慈明法道何所賴耶？因整衣起，而火已及榻。坐抵獄，為吏者拷掠百至。師怡然引咎，不以累人，惟不食而已。兩月而後得釋，鬚髮不剪，皮骨僅存。真點胸迎於中途，見之，不自知泣下。曰：師兄何至是也！師叱之曰：這俗漢！真不覺下拜」。

「太保劉秉忠居士，瑞州人，字仲晦，初名侃，法號子聰。年十七，為邢臺節度使府令史，以養其親。居常鬱鬱不樂，一日投筆歎曰：吾家累世衣冠，乃汩沒刀筆吏耶！即棄去，隱安武山中，投天寧照禪師為僧。力參有省，俾掌書記。元世祖征雲南，渡江攻鄂，每贊以不殺為德。凡克城擒敵，全活無算。雖位極人臣，而猶齋居蔬食，不改舊服。一時通稱為聰書記。至元十一年八月，索筆書偈曰：吾不負世，世不負我。吾之於世，如水中月，如空中花，花沉月落，是個甚麼？咄！擲筆趺坐而逝」。

評：前面所列舉的禪師們，都是以自身為機用，去鍛鍊學人的操守，這是以身為教，是極為嚴格的。

另外未列舉的禪門大德居士等，操守戒律精嚴者，還有很多，如楊岐禪師的不浪費一點油盞；保壽禪師不敢私用一小塊生薑；高峯禪師一生穿破衲衣服，用破鍋在山上隱居，不到塵世；憨山大師拒受皇帝賜金，逃名而行布施等，都是高風千古，是世間及出世間的楷模。

由這些大師們的行跡看來，怎麼能說學禪的都是狂人呢？怎麼能說佛門對世道無益呢？

也許有人會反問，丹霞為什麼燒木佛？南泉為什麼斬貓？濟顛和尚為什麼喝酒吃肉？以及泉大道為什麼疏狂不群等，對於這些人的行為舉動，又該如何解釋？

要知道，這些大師們，都是得果位有成就的人，他們對於因果非常清楚瞭解，絕不會棄因果而不顧。他們所以會有特殊的舉動，都是針對當時的特殊環境對象而發，並不是偶然的無故行為。

現世的人，只要聽說禪宗之名，一律當做狂禪，統統以外表來判斷，認為禪宗是撥無因果。

要知道，一個普通人的心理行為，應該是容易被瞭解的吧？但是以聖賢的智慧，尚且不能對人全部透澈瞭解，反過來說，若以凡夫的境界立場，去判斷有成就的高人，則更加難以正確了。更何況佛法常有奇妙的祕密行化，一般人怎能深知佛法中人的用心何在呢？

所以，輕率的冤枉他人，還不如多多自勉精進，努力效法前賢才對，不必去論斷他人的是非，人我是非的行相不除，終為自己修行的障礙。

一般人談到禪宗，都認為棒喝是大毛病，其實，這個棒喝的弊病，圓悟勤和大慧杲師徒二人，早已指出來了。現在的禪宗，又有誰採用棒喝的方法呢？現在只是徒有棒喝之名罷了。

說起來，棒喝交馳，正是宗門大匠的無量慈悲作用，他們用這個方法接引學人，有時故意撩撥學人的無明根本，以楔出楔，才能使學人得到解脫。古德說：「我有時是罰棒，有時是賞棒，有時一棒不作一棒用。臨濟有時奪人不奪境，有時奪境不奪人，有時人境俱奪，有時人境俱不奪」。

像這樣高深的含義，以及它的大機大用，豈是普通人所能學會的！又豈是普通人可以隨便批評的！

棒下無生忍，臨機不讓師。此中有深意，欲辯已忘言。究竟是我錯，你錯，他錯，留待明眼人仔細揣摩。除此以外，有些古德作用，僅是當機的一種趣味，不可一律視為奇妙，例如：

「龐居士與女靈照賣竹漉籬，下橋喫撲。靈照見，亦去爺邊倒。士曰：你作甚麼？照曰：見爺倒地，某甲相扶。士曰：賴是無人見」。

「趙州與文遠論義。曰：鬪劣不鬪勝。勝者輸果子。遠曰：請和尚立義。師曰：我是一頭驢。遠曰：我是驢胃。師曰：我是驢糞。遠曰：我是糞中蟲。師曰：你在彼中作甚麼？遠曰：我在彼中過夏。師曰：把將果子來。又：師在東司上（廁所），見遠侍者過。驀召文遠。遠應諾。師曰：東司上不可與汝說佛法」。

「慈明謁神鼎諲禪師。鼎首山高弟，望尊一時。衲子非人類精奇，無敢登其門者。住山三十年，門弟子氣吞諸方。師髮長不剪，敝衣楚音，通謁請法姪，一眾大笑。鼎遣童子問：長老誰之嗣？師仰首視屋曰：親見汾陽來。鼎杖而出，顧見頎然。問曰：汾州有西河師子，是否？師指其後絕叫曰：屋倒矣！童子返走，鼎回顧相矍鑠，師地坐，脫隻履而示之。鼎老忘所問，又失師所在。師徐起整衣，且行且語：見面不如聞名！遂去。鼎遣人追之，不可。嘆曰：汾州乃有此兒耶！」

評：慈明臨機不讓，他的機用高明絕妙，因為神鼎選擇門人的條件，十分挑剔嚴格，而他門下的弟子們，又都是氣焰萬丈的人。這種門風，等於一個善知識，墮入驕貴狂和輕慢病的深坑中，所以慈明用開玩笑的方法去打擊他，是為了要他改正毛病的意思。

其他如濟顛、泉大道，生於禪宗嚴肅的時候，當時禪林中一片死氣沉沉，所以他們才用遊戲人間的態度，使修行人的無形自縛，能夠得到一些解脫。如果是在末法亂世的時代，必定會有嚴格持戒守律的行化示現，而不會有遊戲三昧的事發生了。又如：

「慈明忽得風痺疾，視之，口吻已喎斜。侍者以足頓地曰：當奈何！平生呵佛罵祖，今乃爾！師曰：無憂，為汝正之。以手整之如故。曰：而今以後，不鈍置汝。又：師初在汾陽時，陽一日托以夢亡父母，命庫堂設酒肉為祀。祀畢，集僧眾令食，咸不聽。陽因獨自飲啖。眾曰：酒肉僧，豈堪師法！盡散去，惟師與大愚六七人存。陽翌日上堂云：許多閑神野鬼，祇消一盤酒肉，斷送去了也。《法華經》云：『此眾無枝葉，惟有諸真實』。下座」。

前面所例舉的幾則，都是屬於機趣一流，或是朋友往來，或別有用意，以遊戲的語句，幽默的行為，表達出來，不可以當作師法。

其餘如與人問答時，最後常見以「休去」為結尾，「休去」二字，有三種意義：一為不值得再辯，就不再說了，而說「休去」作結束；一為表示許可，不必再說，而用「休去」結束；一為談話對象不當機，不必白費心開示，無理可喻的意思，而說「休去」，不願再說去了。

這一類的「休去」機趣，不論屬於哪一類，都不必深究，如果一定要瞭解，就必須先瞭解當時情況，以及人物環境才行。

但是，古人不能到現在來，現在人又不能回到古時去，何必挖空心思，去做徒勞而無功的事呢？所以不必窮根究底，古德說得好：「若向言中取則，句裡明機，也似迷頭戀影」。

證悟知解

在談到禪宗時，欣賞的人，就會聯想到開悟，而不欣賞的人，就會聯想到狂妄。

一般的習慣，似乎認為禪宗與開悟，開悟與狂妄，狂妄與禪宗這三件事，是因明學上的三支論式。這種看法，真所謂不倫不類，誤解太深。這種觀念，不但看輕了他人，而且也看輕了自己。

先說這個「悟」吧！

這是禪宗傳入我國後，一個特有的名辭，對這個特有名辭，按照一般的瞭解，就是有會於心，有所理解的意思。

例如，水有解渴的工用，茶是用水泡的，所以茶也能夠解渴，沒有喝茶的人，雖然悟知這個道理，但是這種悟的情況，與禪宗的悟，並不是相同的，這種悟，只能算是知解，知道而已。

禪宗所謂的悟，是屬於證悟。

證悟的意思，就好比一個人口渴了，取水來飲，飲了水就不再口渴了，所以水與渴這兩件事的理論與事實，都已成為過去，理與事二者全消，便是所謂「亡言絕慮」。

水與渴二事消除，不再存在時，只會使人感到清涼而已，如果能永遠不再有煩渴產生，就是禪的工用了，所以說：「言語道斷，心行處滅」。

水與渴既然全消，進一步研究水與渴的理和事，等到有一天，達到事能透澈，理也圓滿，了了無滯，就可以悟後起用。

教典中所說的：「既得根本智，復須明諸差別智」，可是，最後仍然是言語道斷，無去無來。

整個的佛法，是超過哲學及玄學以上的，是一個大實驗的事情。佛法並不像一般世人的淺薄見解所想像的，僅是一種學術而已；佛法中包括了許多實驗的方法，而以禪宗最為優異。

禪宗所說的證悟，注重「事至理圓」，以修行達到「事至」為最重要。如果是從理解開始，而再入於道，就是屬於從知解入門，是先從明白道理開始的，就像《楞嚴經》上說的：「理則頓悟，乘悟併銷。事非頓除，因次第盡」。

這個意思是說，由理解開始，然後要達到行解相應才行，這也就是知行合一的意思，最後再進一步達到圓滿，如《法華經》上說：「大通智勝佛，十劫坐道場，佛法不現前，不得成佛道」。由此可見，要能得到證悟，最重要的是現前的佛法。

有人認為，儒家所說的體會，就是證悟的意思。其實，這種見解是不正確的。體會的意思，是知行合一，即知而行，即行而知，這等於佛學所說的行解相應，而不是證悟。

證悟是什麼？證悟是頓超之大實驗事，這不是由漸入的行解而來；體會是理通於事之學，與證悟頓超是不同的。

這樣說來，體會和證悟，究竟哪一種比較好呢？實際上，證悟和體會，是不能夠比較優劣的，不過，如果是證悟的話，卻要弄清楚所悟的意義究竟何在？

有人或者會問，有誰可以達到證悟頓超呢？我們的回答是：誰可以達到證悟，是人的問題，而證悟頓超，是確有人達到的。所以祖師曾說：「我所說法，為度上上根人。汝師所說，為度大乘人」。

法門和人的根器，可能有異，但是使人得度的目的，則是完全相同的。古德曾有言：「參要真參，悟要實悟」，「大疑則大悟，小疑則小悟，不疑則不悟」。

這些說法，都是教參禪的人，從真實的疑情開始，而不能只憑著知解。如果參禪的人得到些知解，有了些理會，又有些體會，忽然有會心之處，那仍屬於理方面的事。許多文人學士，善說文字禪的人，都屬於這一類情況。

但是說食不飽，這些都只是屬於空談而已，甚至有些人，一旦狂慧發作起來，他們變得又能說，又明白理，可惜卻行不得，結果理仍是理，事仍是事，與他們毫不相干，又有什麼用處！

譬如說，悟得了就是「這個」，那麼我們動的時候不離「這個」，靜的時候也不離「這個」，生也是「這個」，死也是「這個」，一切善惡是非，都離不開「這個」。

假如說這個人悟了，為什麼在「這個」動時，這人要靜而辦不到？隨順「這個」很容易，但是要自己作主，止於至善，要常定卻辦不到。試問，明白了「這個」有什麼用處？「這個」仍是「這個」，我仍是我，不能相應，毫不相干。

就算自己動靜都可以作主，一切由我，則仍有大事在後頭，絕對不要因為這一點心得，就自滿自足了。

狂慧的意思，就是教理上所說的乾慧。慧被形容成乾的，就成為枯木了，如果一個人的智慧，像一根枯木一樣，豈不是一個廢物了嗎？所以一定要水來滋潤才行。水就是定的意思，如果能夠達到定慧二者兼備，自然根深葉茂，果熟味濃了。普庵主性空禪師曾經說：

十二時中莫住工　窮來窮去到無窮
直須洞徹無窮底　踏倒須彌第一峰

有人說，性空禪師的這幾句，不正是叫人追究理嗎？我們的回答是：「莫住工」、「到無窮」、「洞徹底」、「踏倒第一峰」這幾句話，很明顯的是教人去證，不過是從窮理入手罷了，他在另外的偈子中不是也說過嗎？

心法雙忘猶隔妄　色空不二尚餘塵
百鳥不來春又過　不知誰是住庵人

試看這是何等境界！哪裡僅是靜坐窮理的範圍！

禪門重視證悟，提持真參實悟，學禪的人，必須隨時隨地鍛鍊參究，達到純熟。等到工夫深入時，定力穩固了，忽然「囫」的一聲，渙然冰釋。

這個情況，就好像猛然抬頭一看，頓見樹上的果子早已熟了似的。這時的心境，如天空一輪孤月，光耀宇宙，這樣的頓然一悟，就是證悟。

這裡所說的「囫」的一聲，不過是形容這個頓然的意思，其他形容的字句還有：「一聲霹靂頂門開」等，都是解釋突然頓悟的形容辭。如果硬要抓住這個「囫」的一聲，和「頂上震開」等境界，當做實際的方法去會意，那就大錯而特錯了。因為這只是事的現象，是工夫過程中的一種境界，把過程的境界當作真實，等於把眼前的現象當作真實，結果真正的真實反而找不到了。

實際上，所謂頓悟證悟，也都是由漸修而來的。頓者，就是漸修的最後一剎那，如果不是因為這個頓，只是偶然稍有頓悟其理，或頓見空性，則須經過漸修的路程，才能達成圓滿。就如古人所說：「萬古碧潭空界月，再三撈摝始應知」。

古德禪師們，雖然有人是於言下頓悟，但是這些人在未悟之前，都是經過多年的努力用功的。有些人則是於開悟後，再跟隨著宗師們學習，水邊林下，隨時隨地保任涵養多年，才能達到真正的透澈。

所以，我們決不可只看當時的一頓，而忽略了未頓之前和既頓之後的努力修行。故說：「不是一番寒徹骨，那得梅花撲鼻香」，凡事都是需要經過一番艱苦，才能成功的。

以下簡錄諸師所說，以作參考證明：

達摩初祖曰：「至吾滅後二百年，衣止不傳，法周沙界，明道者多，行道者少，說理者多，通理者少，潛符密證，千萬有餘」。

南泉禪師曰：「心如枯木，始有少許相應」。

無業禪師曰：「學般若菩薩，不得自謾，如冰稜上行，似劍刃上走。臨終之時，一毫凡情聖量不盡，纖塵思慮未忘，隨念受生；輕重五陰，向驢胎馬腹裡託質，泥犁鑊湯裡煮爍一遍了，從前記持憶想，見解智慧，都盧一時失卻；依前再為螻蟻，從頭再做蚊虻，雖是善因，而遭惡果。且圖甚麼？」

「裴休一日請黃檗禪師至郡，以所解一篇示師。師接置於座，略不披閱。良久，曰：會麼？裴曰：未測。師曰：若便恁麼會去，猶較些子，若也形於紙墨，何有吾宗！裴乃贈詩一章曰：『自從大士傳心印，額有圓珠七尺身。挂錫十年棲蜀水，浮盃今日渡江濱。一千龍眾隨高步，萬里香花結勝因。擬欲事師為弟子，不知將法付何人？』師亦無喜色」。

評：裴休是當時的相臣，對佛法及各宗派學理，都極淵博，他以弟子自居，禮敬黃檗禪師。當時的圭峰禪師，也是他的至友，裴休並曾親自書寫藏經五百函，至於其所著佛法方面的文章，更深受各界的重視。

但是黃檗禪師，並不因為裴休位高權重，對他便有任何姑息敷衍，反而教他放下文字禪，要他能當下悟入。

溈山曰：「今時人，但直下體取不會的，正是汝心，正是汝佛。若向外得一知一解，將為禪道，且沒交涉，名運糞入，不名運糞出。

污汝心田，所以道不是道」。

洞山曰：「末法時代，人多乾慧，若要辨驗真偽，有三種滲漏：一曰：見滲漏。機不離位，墮在毒海。二曰：情滲漏。滯在向背，見處偏枯。三曰：語滲漏。究妙失宗，機昧終始，濁智流轉。於此三種，子宜知之」。

「首山念初在風穴會中，充知客。一日，侍立次，穴乃垂涕告之曰：不幸臨濟之道，至吾將墜於地矣！師曰：觀此一眾，豈無人耶？穴曰：聰明者多，見性者少」。

「黃龍新謁晦堂。堂擎拳問曰：喚作拳頭則觸，不喚作拳頭則背，汝喚作甚麼？師罔測。經二年，方領解（知解也）。然尚談辯，無所牴牾。堂患之，偶與語，至其銳；堂遽曰：住！說食豈能飽人？師窘，乃曰：某到此弓折箭盡，望和尚慈悲，指個安樂處。堂曰：一塵飛而翳天，一芥墮而覆地，安樂處正忌上座許多骨董。直須死卻無量劫來全心，乃可耳。師趨出。一日，聞知事捶行者，而迅雷忽驚，即大悟。趨見晦堂，忘納其履。即自譽曰：天下人總是參得底禪，某是悟得底！堂笑曰：選佛得科甲，何可當也！因號死心叟」。

以上所列舉的開示公案，在古德語錄中，還有很多類似的例子，重點都是抨斥文字禪、知解禪和口頭禪；並且指出，偶然在一文一言，或一機一境上有些解會，並不就是悟。

「祇貴子眼正，不說子行履」，這句話是溈山對仰山所說的，這只是一時權巧的名言，不可以當作實法。一個學佛的人，必須行履正，知見也正，才是頓超證悟的最高原則。

丹霞禪師說：「去聖時遙，人多懈怠」，到了今天，法門衰落，有知識和聰明善辯的人士太多了，但是學禪寧可側重行履工用，不可只重知解，而流於狂知乾慧。如果弄成這個樣子，反而不如修習淨土宗，緊抱一句彌陀，還可以往生極樂世界，又何必學什麼禪宗。結果弄成飲露棲風，受盡苦寂，最終與草木一樣腐朽，徒然成為蟬殼而已。

祖師禪與如來禪

有人認為，頓悟就是祖師禪，而漸修則是如來禪。但是，現在我們所討論的禪宗修法，是頓悟與漸修並重，這究竟算是什麼宗派？

其實，說祖師禪是頓悟，如來禪是漸修，只是似是而非的看法，整個一大藏的佛教經典，及全部修行法門，都是屬於漸修法門，即使那些言下頓悟的禪宗祖師們，也都是經過不斷的漸修漸積而得頓悟的。

那些從來沒有經過薰修，而言下頓悟的人（如原為獵人的石鞏禪師，因見馬祖，言下頓悟），以及放下屠刀立地成佛的大師們，也都是因為往劫的修持，在機緣到來時而頓悟，或者是悟後起修，漸至成熟。豈能認為，言下即悟這一著子，是超前絕後的本分事呢？

那麼，祖師禪和如來禪的區別，到底在哪裡？我們可以這樣說，由一個博地凡夫開始修起，直到漸入聖眾，都是如來禪。不過，就算他們能達到人法兩空，如果在悟的知見來說，仍有一絲半痕還沒有掃清，都不能入祖師禪之門。

祖師禪的意思，是人人本來具足，個個原始圓成，山河大地本來空無一物，性相平等，物我一如，不待修證。自無始以來，本來就未曾迷，何必還要說悟。一切法見、佛見、眾生見、悟見、禪見等，一時統統掃除，原來還是舊時的自己，只是饑來吃飯，睏來就眠，蕩蕩無礙，作一個無事閒人。淨法固然好，染法也不壞。

但我如此來說，也早已是白雲萬里，越說越遠了。究竟如何才是，且聽我說：「二十四橋明月夜，玉人何處教吹簫！」

茲錄有關二者之區別如下：

「如來禪者，經論所說，秦羅什初傳之，至天臺而極詳盡。祖師禪者，經論之外，祖師以心印心，魏達摩初傳之」（《佛學辭典》）。

「有問黃檗，諸方宗師相承，參禪學道，如何？檗云：接引鈍根人語，未可依憑。……未審接上根人，復說何法？師云：若是上根人，何處更就人覓，他自己尚不可得，何況更有法當情」。

「慈明以拄杖擊禪牀一下云：大眾，還會麼？不見道，『一擊忘所知，更不假修持，諸方達道者，咸言上上機』。香嚴恁麼悟去，分明悟得如來禪，祖師禪猶未夢見在！且道祖師禪有甚長處？若向言中取則，誤賺後人，直饒棒下承當，辜負先聖。萬法本閑，惟人自鬧，所以山僧居福嚴，只見福嚴境界：宴起早眠，有時雲生碧嶂，有時月落寒潭。音聲鳥飛鳴般若臺前，娑羅花香散祝融峰畔。把瘦筇，坐盤陀石，與五湖衲子，時話玄微，灰頭土面。住興化，只見興化家風，迎來送去，門連城市，車馬駢闐，漁唱瀟湘，猿啼嶽麓，絲竹歌謠，時時入耳。復與四海高人，日談禪道，歲月都忘。且道居深山，住城郭，還有優劣也無？試道看！良久。云：是處是慈氏，無門無善財」。

三關與頓漸

禪門中的宗徒們，對於修行和開悟，約有三種說法：一、先修後悟，二、修悟同時，三、悟後起修。

贊成第一種說法的人，認為修行要緊，如果不做工夫的話，不依佛經教典去修，縱使有了悟境，也只是狂見而已。如果真做實際修行工夫，時間到了，自然就會大悟。

贊成第二種說法的人，認為修悟同時進行，能說得一尺，不如能行得一寸，即行即悟，事功到了，理就圓明透徹，這樣才算穩妥。

贊成第三種說法的人，認為先行開悟要緊，因為《楞嚴經》上說：「生因識有，滅從色除。理則頓悟，乘悟併銷，事非頓除，因次第盡」。依照《楞嚴經》的說法，先行開悟是正確的，並且五祖也曾說過：「不悟本性，修法無益」，所以先悟要緊。

以上三種說法，各有理由，但是，不論哪一種說法，對於一個發心求悟的人來說，就算是開始進入修行的途徑了。不管他的努力有多少，他已是入門的人了，從此漸漸薰習下去，必能獲益進步，慢慢可以「開佛知見」。再由此一旦豁然而悟，見得了了無物，然後不修而修，修而不修，就「入佛知見」了。

到了這個時候，就是不要修，自己也辦不到了，所以說：「不異舊時人，祇異舊時行履處」，雖是原來的人，但是他一切行為作為都與以往不同了。一個人到了這個境界，自己自然知道，必定會在平常心行習氣上，痛加改過，自知轉變。自此，從早到晚，自夜至旦，只是：「宴坐水月道場，修習空花萬行，降伏鏡裡魔軍，大作夢中佛事」。

所以說，三種說法雖然並不相同，但卻是相通的，由於每人根器的不同，自己自然會選擇一個適合自己的方法，用不著爭論差別。有人或者說這就是三關的意思，對於此說，則不敢妄下斷語。

關於三關的說法，究竟由何人何時開始，未加考定。不過，百丈等諸禪師，各有三句話，反覆盤問學人，但是很難有人答案準確，可以通過這三個問題的大關，所以有人稱為三關。

後世也有人將工用和見地二事，合而為一，而定為三關的說法。例如黃龍南禪師，常在室中問僧：「人人盡有生緣，上座生緣在何處？」正當學人要回答時，黃龍南卻又伸出手來說：「我手何似佛手？」又問諸方參請宗師所得，又伸出腳來說：「我腳何似驢腳？」

三十多年以來，對於來學的人，黃龍南禪師都問這一樣的三個問題，學人中卻沒有一個人答對，當時天下叢林，就把這三個問題，當做三關看待。如果有人要答他的問題時，黃龍南禪師便不置可否，只是斂目而坐，沒有人能夠知道他的真意。

南州潘興嗣，常問他原因，黃龍南說：已過關者，就甩甩手一直走了，哪裡還管有沒有關吏把關，如果還要向關吏問一聲，可不可以過關，就是這一問，便可知道他還沒有過關。

師自頌道：

「生緣有語人皆識，水母何嘗離得蝦。但見日頭東邊上，誰能更喫趙州茶。我手佛手兼舉，禪人直下薦取。不動干戈道出，當處超佛越祖。我腳驢腳並行，步步踏着無生，直待雲開日現，方知此道縱橫」。

總頌曰：

「生緣斷處伸驢腳，驢腳伸時佛手開，為報五湖參學者，三關一一透將來」。

高峰妙禪師，常用六個問題，測問學人，被人稱為高峰六關。中峰也有三關的說法，這些都是祖師們的方便法門，故意設置機關，以測驗學人的成就。

後世的人，對三關另有說法，就是：

「破參」——初關
「重關」——二關
「牢關」——三關
有些等而下之的杜撰禪和子，便巧立名目，稱三關為「山海關」、「雁門關」等地名，顛倒禪門，佛頭澆糞，不免笑掉明眼人的大牙！
有人認為，「山海關」、「雁門關」等名，是祖源禪師所說的，怎麼會錯呢！
唉！這真不知如何說起，一般人都有三種毛病，就是：一、重難輕易，二、重死輕生，三、重遠輕近，所以凡是古德所說的話，一般人不論粗細，一概當做珍品吞下肚子。
祖源禪師雖是前輩古德，但是，如果他有錯誤的地方，難道也算是妙法嗎？源師是福建鼓山禪德，在福建出版有他的著作，如《萬法歸心錄》一書，確為佳作無疑。再由這本書中看源師的見地，決不至於有這種錯誤。
如果說這是唯一孤本，流傳到日本，再輾轉由高麗取回，怎能確定不是別人的偽造？日本人最長於偽託，何況此書又經過翻版，鈍刀割錦，指鹿為馬，實在是毫無意義的無稽之談。如果這樣來討論正法眼藏，那是絕對不可信的。

三關這個名辭，人人都知道，但是三關究竟是什麼，卻沒有定論。有人認為，未破本參之前，相信「這個」是真有其事，或者先能認得「這個」，所謂主人公禪者，就稱為「知有」，或稱為「有省」。

破本參之後，見得空性，意識不起，分別心也不大起作用了，進入了「見山不是山，見水不是水」的境界，這就叫做「初關」。

由空性起用，識得了妙有，這時進入了「見山還是山，見水還是水」的境界，就是「重關」。

等到能夠人法皆空，頓超佛地之時，就是最後的「牢關」了。

又有一種說法，認為「初關」是破第六意識，「重關」是破第七末那識（我執），即人空的境界，最後的「牢關」才破第八阿賴耶識，即人法兩空。

還有一種說法，認為破「初關」是達到初地菩薩（歡喜地），破「重關」是達到八地菩薩（不動地），破末後的「牢關」，才超十地（法雲地）。不過這種說法是不明教理，更不懂菩薩道的福德智慧莊嚴之理。

清代的雍正皇帝，對於三關之說，自立了一種標準，不過也不是定論。也有人認為，天臺宗的三止三關，以「有」、「空」、「中」為三關的區別，這種說法是錯誤的，因為在天臺宗證得中觀正見時，以禪宗的看法，不過是剛破了本參而已，往後修行的事還多得很呢！古德曾說：「向上一路，密不通風」，又說：「末後一句，始到牢關，把斷要津，不通凡聖」。後世的參禪賢達們，步步破關，真不知道他們是從何處著力的，難道沒有聽說過「一簇破三關，猶是箭後路」嗎？

倡言前面這種三關說法的人，是對修行有功抑對禪宗有過，實在難下定論。如果依三關的說法，來定宗門的階梯，禪宗哪裡還算什麼直指人心，見性成佛的圓頓教呢？

如果由破「初參」而到末後「牢關」才算是見性，禪宗豈不成了有定則的漸法了嗎？與頓悟的「頓」字，又有什麼關係呢？

閉關與打七

閉關這樁事，真正追究起來，也不知道是從何時開始的。至於閉關的意義，大體上是謝絕人事，專心修行的意思。

閉關這個名辭，在《易經》的〈復卦〉一節中，可以見到：「先王以至日閉關，商旅不行，后不省方」。由這一段看來，所謂閉關，就是齋戒安身靜養的意思。

佛法凡談到閉關時，一般認為開始於釋迦在摩竭提國關門獨修，以及維摩在毘耶國閉口不言。後世的禪宗學人們，尤其盛行閉關風氣。愈到後來，風氣愈盛，不論哪一宗派，動輒都是要去閉關，於是，就產生了「拜經關」、「念佛關」等種種名堂，好像是商場中的宣傳號召一般。

禪宗宗門中一般相傳，認為「不破本參不入山，不到重關不閉關」，對於閉關一事，看得非常嚴重。這個看法也不知道是從何時開始的。不過，在永嘉禪師勸阻左溪朗法師的信中，曾經再三說明，在一個人未明心地時，千萬不要入山，因為山中泉石奔騰，奇形怪狀，反而是一個使人煩惱不安的環境。山中雖然清靜，如果自己內心不能清淨，也是無用。換言之，如果內心清淨，雖處於繁亂的環境，也就像山林中一樣，又何必一定要入山尋道呢？後世的人所說，待到「重關」才閉關這句話，可能是以永嘉所說的為標準。

元朝時，高峰中峰師父弟子二人，都跑到山中不出來了，尤其是高峰，自己用木條綁成一間小龕，作為住屋，不管風吹雨打太陽曬，一年四季只有一件衣裳，夏天不用扇，冬天不生爐，每天只是搗爛一些松果和了稀粥充飢而已，表示永不出山，就把山中當做「死關」了。這種形跡，一方面是與佛法孤峻清絕的頭陀行有關，但也是因為時代的變亂，修行人不願與世浮沉，不得不入山養晦罷了。

禪門所謂的閉關，與一般的閉關不同，禪門的閉關是：「榔㮚橫擔不見人，直入千峰萬峰去」，這是初開悟的人，必須入關去大休大歇的修行！閉關是去修證了生脫死的人生大事，不能草率。

如果參禪沒有半點開悟，去閉關反而是浪費歲月，世間有許多的事，需要人去做，世人利人利己的事更是多得很，又何必去搞這個閉關的名堂呢？

如果自己心地未明，偏要去掩門閉戶的閉關，在關房中，妄想浮游，不免要去竭力壓制，日子淺短，可能只是成病成狂；時間久了，自己的性命都要賠進去，這種例子很多。

至於說，有人是貪圖關中的享受，吃喝不愁，高枕無憂；有人是貪圖名利，都是屬於別有用心，則又另當別論了。

西藏密宗，和道家的閉關，則不像禪宗那樣簡易。密宗有「黑關」和「白關」兩種，在關房中修行的人，需要豐足的供養，使閉關的人，沒有生活上的顧慮，才能夠一志專修。

道家的閉關就是「入圜辦道」，閉關的人，需要法、財、侶、地四個條件，就是有方法，有修行的道糧，有適當的同伴，及適當的閉關地點。密宗和道家閉關的方法，也不完全相同，特別提出，作為參考。

不論閉關的方式為何，閉關是一件苦行難行的事。至於在關中修「般舟三昧」或不倒單的「長坐不臥」等方法，都算是苦行的功德，如果沒有見到心地，儘管用這些法門，也沒有什麼好處。不過，能夠這樣修苦行，總也算是難能可貴了。

要注意的是，苦行並不是「道」，而只是幫助修道的一種事情而已，下面舉出古德的行跡，作為說明：

「僧那禪師，姓馬氏，少而神儁，年二十一，講《禮》《易》於東海，聽者如市。一遇二祖，遂投出家。自是手不執筆，盡棄世典，惟一衣一鉢，一坐一食，奉頭陀行。後謂門人慧滿曰：祖師心印，非專苦行，但助道耳。若契本心，發隨意真光之用，則苦行如握土成金。若惟務苦行，而不明本心，為憎愛所縛，則苦行如黑月夜，履於險道。……滿後亦奉頭陀行，惟蓄二鍼，冬則乞補，夏則捨之，心無怖畏，睡而不夢。常行乞食，所至伽藍，則破柴做履，住無再宿。貞觀十六年，於洛陽善會寺側，宿古墓中，遇大雪，旦入寺見曇曠法師，曠怪所從來？满曰：法有來去耶！曠遣尋來處，四邊雪積五尺許。曠曰：不可測也！」

又如向居士，隱居於山林之中，吃的是山果，喝的是泉水，在北齊天保初年，因為聽說二祖盛化，就寫了一封信去，請二祖為他的見地印證，後來二祖就祕密的印證了。

在牛頭融禪師未見四祖的時候，居住在山林的石室中，曾有百鳥啣花供養他的奇事。後來他於得法後，門下學人之多，可以比美黃梅五祖的時代。但當唐永徽年間，山上學眾缺糧時，牛頭融卻親自去丹陽化緣。丹陽離山上有八十里的距離，牛頭融早去晚歸，揹了一石八斗米，供給三百多僧眾的糧食。像牛頭融這樣的人，最初屈居於山洞中，不肯出山，後來又負米替大家服務，負米和住山洞，都是苦行，為何前後完全不同呢？菩薩度人，有時犧牲自己的生命，有時則行人所不能受的苦行；有時又行人所不能行的難行。這些都是修行菩薩道的妙密心跡，斷非外人所能了解，這也是隨個人不同的心願，而有不同的作風。

再說打七這件事，不知何時開端，在後世的叢林之中，常有靜七之舉，有的甚至延長到七個七日，有的延長至九期。打七之事，是各處都有的。因為受了禪門的影響，其他宗派也有打七的事，如淨土宗的「念佛七」，及「觀音七」等，名目繁多，成為佛門中重要的修行方法。

打七是一個俗名，七日而加上一個打字，是一個口頭語而已。

釋迦在菩提樹下七日證道，也算是打七嗎？有人說，打七是打破七識的意思，如果這樣說，為什麼不說打八呢？如果打七為破七識，打八可破八識，豈不是更好嗎？

七這個數字，含義甚深，《彌陀經》的念佛法門，要念到一心不亂，也是以七日為期。嬰兒在胎中，是七日一變，中陰身也是七日而轉。

其他宗教，定七日為一週等，這個七數的深義，在《易經》的數字上，是有解釋的，在此不多加討論。

禪宗古德，創立了靜七之舉，這是一個方便法門，是為了那些多年用功，但仍未開悟的人，所設的一種方法，使他們能夠在七日之內「尅期取證」。但在尅期七日之內，真能夠取證嗎？其實，這只是一種願力的意思，能不能成功，還要仰仗大德宗師及禪門大匠的教授手法。以大匠們的通天手眼，能殺能活的手段，棒喝交馳，心光普照，使學人能透脫情根識鎖，撥出靈明，也許會有些許相應。

時代到了現在，宗門中如龍象一般的大匠，已經很難看到了，剩下的只有一個形式而已，否則，天下的叢林中，不知要培養出多少禪師！

打七這件事，也許可能創始於佛燈珣，及破山明二位禪師，現在摘錄他們的事跡，以作參考：

「守珣禪師，參佛鑑，隨眾咨請，退無所入。乃封其衾曰：此生若不徹，誓不展此。於是晝坐宵立，如喪考妣。逾七七日，忽佛鑑上堂曰：森羅及萬象，一法之所印。師聞頓悟，往見鑑。鑑曰：可惜一顆明珠，被這風顛漢拾得。乃詰之曰：靈雲道：自從一見桃花後，直至如今更不疑。如何是他不疑之處？師曰：莫道靈雲不疑。只今覓個疑處，了不可得！鑑曰：玄沙道：諦當甚諦當，敢保老兄未徹在。那裏是他未徹處？師曰：深知和尚老婆心切。鑑然之。師拜起。呈偈曰：終日看天不舉頭，桃花爛漫始擡眸，饒君更有遮天網，透得牢關即便休。鑑囑令護持。是夕厲聲謂眾曰：這回珣上座穩睡去也。圓悟聞得，疑其未然。乃曰：我須勘過始得。遂令人召至。因與遊山，偶到一水潭，悟推師入水。遽問曰：牛頭未見四祖時如何？師曰：潭深魚聚。悟曰：見後如何？師曰：樹高招風。悟曰：見與未見時如何？師曰：伸腳在縮腳裏。悟大稱之」。

「破山海明禪師，號旭東。因聽慧然禪師講《楞嚴經》至『一切眾生，皆由不知常住真心，性淨明體，用諸妄想，此想不真，故有輪轉』。終日疑悶。每閱古人公案，如銀山鐵壁。遂出蜀，見數耆宿，罔決其疑。住楚之破頭山，『尅期取證』，以七日為限。至第五日，發急，到萬丈懸崖，誓曰：悟不悟，性命在今日了。將及未時之際，人境雙忘，眼前惟見一平世界，舉足經行，不覺墮於崖下，跌損左足，頓覺從前礙膺之物，泮然冰釋。遂高聲曰：屈！屈！自此南行，遍參尊宿」。

宗門中的打七，好像是洪爐大冶，是要在短期之中，鍛鍊出人物，以繼續佛祖慧命。這不是一件普通的平常舉動，參加的人是否真是材料，主持打七的人，是否真有能力，都需要自己明瞭，好高自慢的人，怎麼可以充數！有詩頌之：

繁華叢裡一閒身　卻向他途別覓春
千丈懸崖能撒手　不知誰是個中人

宗師授受

禪宗是很重視宗師授受的，宗門中相傳說：「威音王以前，無師自通則可，威音王以後，無師自通，即名天然外道」。所以宗門中特別注重師承印證，就好像密宗重視傳法上師一樣。

為什麼威音王以前，無師自通就可以算數呢？這個道理是宗門中認為，威音王佛是空劫以前的第一佛。宗門中這個看法，在經典上是沒有根據的，因為既然是空劫以前，怎麼會有佛？既然無佛，當然也無眾生，那麼有誰求解脫呢！所以才說無師自通算數，這是含有密意的說法。

密宗中師徒傳承，在師與弟子之間，都有戒律需要遵循。弟子選擇上師時，不可以妄擇，因為妄依邪見的上師，學人就是犯戒；作上師的，如果妄傳不夠資格的弟子，或者不傳法給有根器的弟子，都屬於犯戒。

禪宗的傳承，雖然不如密宗那樣戒律森嚴，有明文規定，但在授受的時候，卻更為嚴重。宗門派別中，各有含義很深的道理，師道尊貴，付授嚴謹，都是表示慎重的意思。

父母生下自己的身體，賦予自己的生命，當然是恩重如山，但是我們的法身，卻是從佛師的教化中得到的。這個由佛師得來的法身，永劫長存，尤勝於肉身數十年的軀體生命。

所以宗門師徒之間，雖然沒有禮法的規定，但是自心的重視和悅服，更超過一般的常情。永嘉禪師所說：「粉骨碎身未足酬，一句了然超百億」是至性流露的話，是有不得不為此說的至性存在。

因此，古德禪師們，參學的老師雖多，而得法之師，則傳承相續，為發明心地，宗奉印取見地者的唯一師承。

有些人暗中變心，背師暗地承受其他門派，結果反而遭到果報，這類的事，在宗門語錄公案中，都有記載，歷然可考。

關於禪門中指授宗徒一事，是非常慎重嚴肅的，決不能隨便草率。試看以往的祖師們的傳授經過，就可以清楚的瞭解了。

當時，諸祖師門下學人極多，可是，祖師們選擇甚嚴，學人必需兼備福德智慧，足以成為佛門的龍象，外加資質氣宇都不平凡，度量胸襟尤要曠遠，像這樣的學人，才可以傳授。

當祖師選擇了傳承的宗徒後，還要鄭重其事，燃香行禮交接。對於能繼往開來，承先啟後的傳承宗徒，祖師們的用心，是多麼殷切良苦。而於宗徒自立之後，猶不免舐犢情深，時常派人探視指授，如馬祖對百丈等，這與普通來學的人，或平常問道的人，禮儀是很不相同的。

所以百丈禪師曾說：「見與師齊，減師半德，見過於師，方堪傳授」，祖師們對傳承弟子的殷切期待，由這句話中，充分得到了證明。

以往的禪門大德們，多於得法後，繼續跟隨其師數年，或數十年不等，他們都是侍役服務，長期接近其師，才能達到真正的透澈。由此可見，所謂「一悟之後無餘事」的說法，是不正確的。

宗徒在隨侍老師的階段，日夜搜括，由其師指授再精微分析。宗門中所說印證，就是以心印心，這不是知解或理會的範圍，而是其師以過來人資格，加以印證的。

其師既為過來人，見地工用及修行，必定都皆圓滿，外加教授法上手眼通明，凡是學人的機用、境界、見地，如何才能合拍，如何才是進步，為師的一望而知，不待言喻。然後以師之心，印證學徒之心，好像用印印泥一樣，印過之後，留下存影，文彩畢露，但並沒有印泥的痕跡，所以稱為印證。

如果一個為師的人，把驢前當作馬後，不能辨別學人的根器和特點，所用的方法，也不過是尋思知解，徒使自己心意紛亂，自救還來不及，哪裡能夠為人師長，去度他人呢？像這一類的人，是自心癡迷的人師，如孟子所說：「人之患在好為人師」，他們長久坐在師位，愈陷愈深，不可自拔，實在可憐！

看到這一類的人太多了，自己不免引以為戒，但願自己永遠在學人的位置，不串演為人師的戲碼，以免自我陷墮，反而不如與學人們，平平實實的交換意見，如有所知，一定知無不言，言無不盡，才能夠不與誓願相違。

宗門中有一種習慣，只尊認一個宗師，不論姓楊姓鄭，各自閉戶為尊，不知道世界上還有其他的學術，這種作風，實在相當惡劣。

大乘菩薩道的規戒，一個真正學佛的人，必須先要學通了五明（內明、因明、聲明、醫方明、工巧明），智慧圓滿，才夠得上是學上乘禪者的標準，這也就是吾佛的教誡。明白了這個道理，然後正該遍求世上的差別智，就像華嚴宗所標示，善財童子烟水南巡的事一樣。

在善財五十三參之中，見到了一百零八位大善知識，他們有的是外道，有的是妓女，有的是少年，有的是沙門，都是已發菩提心之人，他們成就無邊智願，而以菩薩身示現，混跡於人群。

善財最後進入彌勒樓閣，才知道法界重重，學問多得很。這樣的學問，都是由參學師得來，多多益善，並不妨礙所得根本之法。

只有發大願有大智的大乘者，才能這樣參學差別智，如果得了一點就滿足起來，先產生了我慢，就算能夠入道，又有什麼用處！

所以初祖曾告誡神光：「勿輕未悟」，看輕他人，就是一種我慢的行為，慢就是學道的障礙，不能除去我慢，怎麼能談到得度呢？這一點我們要千萬小心戒免。

「懷璉禪師，持律嚴甚，仁廟嘗賜以龍腦鉢盂，師對使者焚之。曰：吾法以壞色衣，以瓦鉢食，此鉢非法。仁廟益嘉嘆。舜老夫為郡吏橫，民其衣，走依師。師館之正寢，自處偏堂，執弟子禮甚恭。貴人過師，見咸怪之！師曰：吾少嘗問道焉，其可以像服二吾心哉？仁廟聞之，賜舜再落髮，居棲賢」。

評：像這一類的事跡，儒家也有很多，能奉師為父，是很大的德行。現在的時代，師道尊嚴已經沒有了，可是也見到許多歐美的學者，對於師承很是尊敬，哪裡可以把蔑視師承的壞習慣，算是時代的新風氣呢！

不過，可作模範的師長，以及可以印心的師長，在任何時代，都是不容易多得的。所以，為人師表的人，只能勉勵自己而已；至於那些用來約束自己的規則，卻不必用來約束他人。這樣一來，儘管什麼都不說，教化的功效自然就有了，大可不必企望別人的尊敬。如果自己真能摩頂放踵，以利天下，雖然不求他人尊敬，也會實至名歸，如果真的實至名歸，戒惕都來不及，哪裡還敢有求於人呢！

「兜率悅禪師，初謁真淨，後出世鹿苑。有清素者，久參慈明，寓居一室，未始與人交。師因食蜜漬荔枝，偶素過門，師呼曰：此老人鄉果也，可同食之。素曰：自先師亡後，不得此食久矣！師曰：先師為誰？素曰：慈明也。某忝執事十三年耳！師乃疑駭曰：十三年堪忍執事，非得其道而何？遂饋以遺果，稍稍親之。素問：師所見者何人？曰：洞山文。素曰：文見何人？師曰：黃龍南。素曰：南匾頭見先師不久，道法大振如此！師益疑駭。遂袖香詣素作禮。素起避之。曰：吾以福薄，先師授記，不許為人。師益恭。素乃曰：憐子之誠，違先師之記，子平生所得，試語我。師具通所見。素曰：可以入佛，而不能入魔！師曰：何謂也？素曰：豈不見古人道：末後一句，始到牢關。如是累日，素乃印可。仍戒之曰：文示子者，皆正知正見，然子離師太早，不能盡其妙，吾今為子點破，使子受用，得大自在，他日勿嗣吾也。師後嗣真淨，如素所戒」。

「開聖覺，初修長蘆夫鐵腳，久無所得。聞五祖演法道，徑造席下。一日，室中問云：釋迦彌勒，猶是他奴，且道他是阿誰？覺云：鬍張三，黑李四。師然其語。時圓悟和尚為座元，師舉此語似之。悟云：好則好，恐未實，不可放過，更於言下搜看。次日入室，垂問如前。覺云：昨日向和尚道了。師云：道甚麼？覺云：鬍張三，黑李四。師云：不是！不是！覺云：和尚為甚昨日道是？師云：昨日是，今日不是。覺於言下大悟。覺後出世，住開聖。見長蘆法席大盛，乃嗣夫，不原所得。拈香時，忽覺胸前如搗，遂於痛處發癰成竅，以乳香作餅塞之，久而不癒，竟卒」。

評：儒家有人說，大悟之後，還有這種毛病，可見人的私欲是極難掃盡的，所以說，理可以頓悟，事要漸漸修行才能成功。修行就等於在薄冰上走，在劍刃上行那樣的困難，要特別小心才是，怎麼能說一悟便休，怎麼能說無因果呢？

也許有人會說，入了涅槃應該脫離因果了。我的回答是：唯！唯！否！否！不然！不然！正覺是因，涅槃是果；涅槃是因，無為是果，因果清清楚楚，誰說沒有？前面所錄的兩則公案，足以為人師及學子們的借鏡了。

「香嚴出世，疎山仁不爽前約，遂往訪之。嚴上堂，僧問：不求諸聖，不重己靈時如何？嚴曰：萬機休罷，千聖不攜。疎山在眾作嘔聲，曰：是何言歟！嚴聞便下座。曰：適來對此僧語，必有不是，致招師叔如是，未審過在甚麼處？師曰：萬機休罷，猶有物在，千聖不攜，亦從人得，如何無過？嚴曰：卻請師叔道。疎山曰：何不若教某甲道，須還師資禮始得。嚴乃禮拜，躡前問。疎山曰：何不道肯諾不得全。嚴曰：肯又肯個甚麼？諾又諾於阿誰？疎山曰：肯即肯他諸聖，諾即諾於己靈。嚴曰：師叔恁麼道，向去倒屙三十年在！疎山住後，果病吐二十七年而癒。卻每於食後抉口令吐曰：香嚴師兄記我三十年倒屙，尚欠三年在！」

評：這則公案，表示貢高我慢的作風，以及好作人師的過失，這些事都不是可以兒戲的。

「古靈神贊禪師，遇百丈開悟，卻回。受業本師問曰：汝離吾在外，得何事業？曰：並無事業。遂遣執役。一日，因澡身，命師去垢。師乃拊背曰：好所佛堂，而佛不聖。本師回首視之。師曰：佛雖不聖，且能放光。本師又一日在窗下看經，蜂子投窗紙求出，師覩之。曰：世界如許廣闊，不肯出，鑽他故紙驢年去？遂有偈曰：空門不肯出，投窗也大癡，百年鑽故紙，何日出頭時？本師置經問曰：汝行腳遇何人？吾前後見汝，發言異常！師曰：某蒙百丈和尚，指個歇處，今欲報慈德耳！本師於是告眾致齋，請師說法。師乃登座，舉唱百丈門風曰：靈光獨耀，逈脫根塵。體露真常，不拘文字。心性無染，本自圓成。但離妄緣，即如如佛。本師於言下感悟。曰：何期垂老，得聞極則事！師後住古靈，聚徒數載。臨遷化，剃浴聲鐘告眾曰：汝等諸人，還識無聲三昧否？眾曰：不識。師曰：汝等諸人靜聽，莫別思惟。眾皆側聽，師儼然順寂」。

評：由這段公案看來，古靈本師，實在是個了不起的大丈夫，學佛出家，是為了本分之事，但他對於本師，並沒有拘泥形跡，或者不敢說話。其師也不亞於古靈，並且比古靈更顯得豁達，居然不恥下問，這是聖賢最看重的舉動。如果其師對古靈的話，產生反感，等於自塞耳目，豈能在垂暮之年，有這樣的收穫！

不過，究竟哪一個是真善知識，哪一個又是假的，倒是頗難分辨的事。

只能說，如果一個人真發心向道，要修諸法行，多做功德事，一心向菩提，如果自己是法器的話，因為種因真實，其果當然也是正的，等到願力積聚夠了，自然可以因緣湊合而成功。

如果自己不是法器，雖然僥倖遇到了真善知識，反而像是一滴獅子乳，迸散了數斗驢乳，不但無功，反而有過，結果真善知識，倒成了假善知識。外道有句話：「弟子覓師難，師覓弟子更不易」，這句話真是不錯。

至於說什麼是宗師，這個問題可以作下面的回答：

禪宗門下，可以令學人跟隨學習的大德，以及堪為他人善知識的人，就是宗師。宗師這個名稱，並不是莊子所說的大宗師。

能夠具備禪門宗師資格的，很不容易多見，這種人，必定具有氣吞寰宇的魄力，胸羅百代的智慧，隨機應變，能夠見到胡人時，自己也是胡人，見到漢人則以漢人面目自現。他們外表雖然嚴肅，但內心慈悲溫暖，就像寒潭的秋月，無法使它變成方形，也就是無法形容的意思，像這樣來形容一個宗師，也只能說是近似而已。

「臨濟祖師曰：『有時奪人不奪境，有時奪境不奪人，有時人境兩俱奪，有時人境俱不奪』。又嘗示眾曰：『如諸方學人來，山僧此間作三種根器斷。如中下根器來，我便奪其境而不除其法。或中上根器來，我便境法俱奪。如上上根器來，我便境法人俱奪。如有出格見解人來，山僧此間，便全體作用，不歷根器。大德！到這裏，學人著力處不通風，石火電光，即過了也！學人若眼定動，即沒交涉，擬心即差，動念即乖，有人解者，不離目前』」。

「宗慧禪師曰：舉唱宗乘，闡揚大教，須法眼精明，方能鑒別緇素。切忌真妄同源，水乳同器，到此難分。洞山尋常以心中眼，觀身外相，觀之又觀，乃辨真偽。若不如是，何名善知識。夫善知識者，驅耕夫之牛，奪飢人之食，方名善知識。即今天下，那個是真善知識！諸德，參得幾個善知識來也？不是等閒，直須參教徹，覷教透，千聖莫能證明，方顯大丈夫兒」。

所以黃檗禪師曾說過：

「『大唐國裏無禪師！』時有僧問：『諸方尊宿，盡聚眾開化，為甚麼卻道無禪師？』師曰：『不道無禪，祇是無師！』」

當黃檗說這個話的時候，禪宗是在鼎盛的時代，當時馬祖門下，共出了八十四位善知識，而黃檗仍有「無禪師」之嘆。黃檗的感嘆，也因為預知師資的困難，而足堪作宗門大師的人，尤其更為困難的原故。

明末的雲居戒顯禪師，也因為師資的問題，著了一本《禪門鍛鍊說》。這本書係仿照《孫子兵法》的方式而寫，意思是說，禪門宗師如用兵一樣的神妙難測，如果不是真的奇才，決不可能成為禪師。

禪客張無諍曾說：天下有三事，都是極端精微奇妙的，而它們在奇妙的程度上，也是相等的，這三件事就是：禪師的妙用，兵家的奇計，詩人的靈感。張無諍的這句話，是相當正確的。

戒顯禪師的《禪門鍛鍊說》一書，內容如下：

「堅誓忍苦。辨器授話。入室搜括。落堂開導。垂手鍛鍊。機權策發。奇巧回換。斬關開眼。研究綱宗。精嚴操履。磨治學業。簡鍊才能。謹嚴付授」。

以上共計十三篇，此書的宗旨，是為宗師建立一個典範，一個人經過鍛鍊，能夠成為宗師，必須有天賦的資才。也就是說，這個人定是多生多劫勤修德行的結果，今生才能乘願，而成為宗師。可見一個人能夠成為宗師，並不是只靠此生的苦學，而能夠成功的。

因此，戒顯師的著作，反而成為狡滑者的藉口，更增加他們作人師的願行。而愚魯的人，只好卻步，望涯興嘆，自愧沒有累劫修行的功德。所以，《禪門鍛鍊說》一書，是功是過，卻也難說了。

不過，幸虧有這本書留存，才能知道宗門中的實際內容，瞭解禪門中並不像大而化之的真如，和糊里糊塗的佛性所表現的一樣。

茲錄雲居戒顯禪師鍛鍊說十三篇自序及跋，以作禪門宗師的參考。

「禪門鍛鍊說十三篇自序

鍛鍊說而擬之孫武子，何也？以正治國，以奇用兵，柱下之言確矣。佛法中據位者，治叢林如治國，用機法以鍛鍊眾如用兵，奇正相因，不易之道也。拈華一著，兵法之祖。西天四七，東土二三，雖顯理教，暗會孫吳。至馬駒蹴踏，如光弼軍壁壘一變。嗣後黄檗、臨濟、睦州、雲門、汾陽、慈明、東山、圓悟諸老，虛實殺活，純用兵機。逮乎妙喜，專握竹篦，大肆奇兵，得人最盛。五家建法，各立綱宗，韜略精嚴，堅不可破，而兵法全矣。自元及明中葉，鍛鍊法廢，寒灰枯木，坑陷殺人。幸天童悟老人，提三尺法劍，開宗門疆土，三峰藏老人繼之，恢復綱宗，重拈竹篦而鍛鍊復行。陷陣衝鋒，出眾龍象。靈隱本師，復加變通，啐啄多方，五花八門，奇計錯出，兵書益大備矣。余昔居板首，頗悟其法。卜靜匡山，逼住歐阜，空拳赤手，卒伍全無，乃不辭杜撰，創為隨眾經行，敲擊移換，擒啄斬劈之法，一時大驗。雖當場苦戰，而奏凱多俘，用兵離奇，毒辣蓋至盡矣！因思根無利鈍，茍得鍛法，皆可省悟。以人多執死法，不垂手險崖，雖有人材，多悲鈍置。遂不敢祕，著為鍛鍊之說，流布宗門。老師宿衲，雖得此說，未必能行矣！豈惟不行，或反嗤議。初居曲盞者，其身英強，其氣猛利，依此兵符，勤加操練，必然省悟多人，出大法將。所願三玄戈甲，永見雄強，五位旌旗，不致偃息，知我罪我，所弗惜焉！則雖謂之禪門孫武子可也」。

「禪門鍛鍊說跋

余實見晚近禪門，死守成規，不諳烹鍛；每致真宗寂寥，法流斷絕，萬不獲已，立為新法，且作死馬醫。若論本分一著，言前薦得，猶為滯殼迷封，句下精通，已是觸途狂見。悟即不無，爭奈落在第二頭。汲汲乎講鉗鎚，論鍛鍊，豈非頭上安頭，夢中說夢。弄泥團漢，將來認為實法，不知變通，帶累山僧，生陷鐵圍矣！耽源圓相，倘遇仰山，一火焚之。僧合掌云：作家！作家！是真能善用孫武子而不為趙括談兵矣。果有此人，殆斫額望之也」。

參話頭

現在的人談到禪宗，開口閉口就是參話頭，大有禪宗就是參話頭，參話頭就是禪宗的意思。

古德們曾說：「正法眼藏，向這瞎驢邊滅卻！」意思是說，好好的禪宗，被這瞎驢一般的參話頭弄砸了。禪門的宗旨這樣衰弱，實在令人感嘆！

唐宋時代的禪師們，在指示法要的時候，是用單傳直指的法門，就像是空手奪刃，能在言語動作之間，立刻斬斷學人的情根意識，就如殺人劍一樣，開示旨歸；又如活人刀，使學人死去活來一番。如果仍不能全通的話，再令學人自己去參。

參的意思，是要學人在事上、理上，腳踏實地的去證。

禪門中另有思惟修，思惟修並不是純粹的思惟。所謂思惟，還可以用意識去尋伺覺察；而參的意思，連思想意識都不用，因為要「離心意識去參」。能離開了心意識作用，了了無事存心，無境當前，無物障礙，到了此時，正好一參。

所以，所謂參的意思，並不是專指話頭而言。

到了宋元之間，禪門已經開始衰落了，中峰禪師以後，參話頭的方法大為流行。最初是為了挽救狂禪的弊病，才採用參話頭的方法，後來這個參話頭的方法，變得根深蒂固，像是木橛子入土，想拔也拔不出來了。到了今天，許多參了一輩子話頭，至死也沒有參通的人，真數不盡有多少。

話頭是什麼？

後世的解說，認為話頭就是一句話之頭，也就是在一句話未開始的時候，著力一覷，就是看這個話頭。

這種參話頭，實際上是看話頭的方法，並不是參宗之學，而是觀心法門。話頭的意思，本來就是「話題」，也就是說：這一個話題怎麼會這樣？

為什麼會這樣？

禪門的話頭約分為兩種，一為有義味的話語，一為無義味的話語。

如果問：「如何是祖師西來意？」回答：「鎮州大蘿蔔頭」、「青州布衫重七斤」、「麻三斤」、「乾矢橛」、「庭前柏樹子」。這一類的回答，都屬於無義味話語。

又如僧問趙州：「狗子有佛性也無？」州曰：「無」。又問：「無夢無想時，主人公何在」、「萬法歸一，一歸何處」、「誰教你拖這死屍來」、「念佛是誰」。像這一類話，都屬於有義味語。

或者不用一句話頭，只參一則古人可疑的公案，例如：「蚊子咬鐵牛，死死啃去」，這就是參公案，與參有義味話頭相似。

有關參究的事，現將以往禪門古德的開示，摘錄一些較為扼要中肯的，作為參考，其中大慧杲的開示，最為親切。

「黃龍示草堂清語曰：要如靈貓捕鼠，目睛不瞬，四足據地，諸根順向，首尾一直，擬無不中。子誠能如是，心無異緣，六根自靜，默然而究，萬無一失也」。

「大慧杲語：常以生不知來處，死不知去處二事，貼在鼻孔尖上；茶裡、飯裡、靜處、鬧處，念念孜孜，常似欠人百萬貫錢，無所從出；心胸煩悶，廻避無門，求生不得，求死不得，當恁麼時，善惡路頭，相次絕也；覺得如此時，正好著力，只就這裏看個話頭。僧問趙州：狗子還有佛性也無？趙州曰：無！看時不用博量，不用注解，不用要得分曉，不用向開口處承當，不用向舉起處作道理，不用墮在空寂處，不用將心等悟，不用向宗師說處領略，不用掉在無事甲裡；但行住坐臥，時時提撕，狗子還有佛性也無？無！提撕得熟，口議心思不及，方寸裡七上八下，如咬生鐵橛，沒滋味時，切莫退志，得如此時，正是好底消息」。（示呂舜元）

「僧問趙州：狗子還有佛性也無？州云：無！此一字，便是個破生死疑心底刀子也。這刀子把柄，只在當人手中，教別人下手不得，須是自家下手始得。若捨得性命，方肯自下手；若捨性命不得，且只管在疑不破處捱將去，驀然自肯，捨命一下便了。那時方信靜時便是鬧時底，鬧時便是靜時底，語時便是默時底，默時便是語時底。不著問人，亦自然不受邪師胡說亂道也。又云：日用二六時中，不得執生死佛道是有，不得撥生死佛道是無。但只看個狗子有佛性也無？趙州曰：無！」（答陳季仕）

「士大夫學道，與我出家大不同。出家兒，父母不供甘旨，六親固已棄離，一瓶一鉢，日用應緣處，無許多障道的冤家，一心一意，體究此事而已；士大夫開眼合眼處，無非障道的冤魂，若是個有智慧者，只就裡許做工夫；淨名所謂：『塵勞之儔，為如來種』。怕人壞世間相而求實相。又設個喻云：『譬如高原陸地，不生蓮花，卑濕污泥，乃生此花』。若就裡許，如楊文公（大年）、李文和、張無盡（商英）三大老，打得透，其力勝我出家兒二十倍。何以故？

我出家兒在外打入，士大夫在內打出；在外打入者其力弱，在內打出者，其力強；強者謂所乖處重，而轉處有力；弱者，謂所乖處輕，而轉處少力；雖力有強弱，而所乖則一也」。

「萬峰蔚禪師語：大凡參禪做工夫者，不得安然靜坐，忘形死心，沉空守寂，昏沉散亂，須是抖擻精神，猛著精彩，急下手腳，剔起眉毛，咬定牙關，提起話頭，立地要知；分曉不得，今日也恁麼，明日也恁麼，便就萬法歸一，一歸何處上大起疑情，疑個一歸何處？即將此一則公案，盡平生氣力，提在手中，如一柄鐵掃帚相似；佛來也掃，魔來也掃，邪來也掃，正來也掃，是也掃，非也掃，有也掃，無也掃，掃來掃去，掃到無下手處，無著力處，正好著力，無掃蕩處，正好掃蕩；忽然掃破虛空，突出一個掃帚柄來，囫！元來卻在這裡；在這裡，依然是個張上座，一翻翻轉，山河大地，明暗色空，盡是自家珍寶；草木砂礫，盡是自己法身；到這裡，說甚麼一歸何處，只這一柄鐵掃帚，亦乃和身放下，坐斷常寂光，超出無生界，喚作無為無事人也。若是打不徹，透不過，切莫怱怱草草，道我會禪會道，不用參疑；問你臘月三十日到來，從前會得的道禪，用得著麼？所以參須真參，悟須實悟，不可弄虛頭，認光影，不求正悟，須向這裡將本參公案、三百六十骨節、八萬四千毫竅，併作一個疑團，頓在眉毛眼睫上，看定通身是個萬法歸一，一歸何處？行也如是參，坐也如是參，靜也如是參，動也如是參，參來參去，通身是個話頭，物我俱忘，心識路絕，澄澄湛湛，寂靜無為；驀然疑團子，爆地一聲，直得須彌粉碎，大地平沉，迸出一輪杲日，照耀山川，遮藏不得。那時卻來嵩山門下，喫痛棒」。（《續指月錄》卷九之五）

看了前面的幾段節錄，會深深體會到一個事實，就是宋元以後的參禪方法，已漸漸改變，終於走上參話頭這一條路。

參話頭興盛了，禪宗的真面目卻因之而滅，宗門與禪定混淆不清，形成不可分之勢。

大慧杲只教人參話頭，教人如何用功去參話頭，其他再沒有別的指示。萬峰蔚的說法，則包括了參禪做工夫，並發疑情。

自此以後，參話頭、做工夫，及疑情三件事，在各禪林，常被混為一談，歷傳至今。下面再分別加以討論。

參話頭

參話頭約分為二類：

（一）單提一念，看一個話頭，在這個念還沒有開始的時候，內觀返究，看這個念從何處來，又滅向何處去（這個方法又可以說是看話尾）。或者看這個念是有是無（空），這樣的用功，實在是另外的一種觀心方法，也可說是變相的參話頭。

不過，如果能專心不亂，收拾六根，集中於這一念，久而久之，偶然能體會到一種平常沒有的境界。

這種平常難得遇見的境界，就是前念已滅，後念未生的階段，也就是當體一念。

這當體一念，了無一物。此心此身，忽然都寂靜下來了。

這時，心光透發，三際空懸，外面所對的六塵情境，就像是鏡中、夢中一樣，一切都像是虛幻不實，連平常的妄想也起不來了；就是有妄想，也是像遊絲一樣，微弱易斷，對寂止的此心，並不產生影響。

學人到了這個境界，往往自以為是開悟了，或者是覺得自己明白了此心。有些人到了這個境界，慧力勃發，就是所謂「自心常生智慧」；也有平常本來不善於文字的人，這時忽然能吟詩作偈，心身輕快無比；有人甚至踴躍歡喜，不知為了什麼；也有些人涕淚悲泣，不知為何；更有些嚴重的，忽然迸發了神通，眼睛可以透視，一切山河大地，就像琉璃一樣，水月一般，清楚的程度，好像看手中的果子一樣簡單明瞭；又有人會聽到蟲叫，聲音之大好像打雷一樣，雖有千里之遙，也像在耳邊一樣近。

對於前面所述種種境界，如果學人認真執著起來，就入了魔境，就是所謂的禪病了，這時若無明師指導，往往變成不可救藥。

但是熟睡可治這個禪病，要知道，這種情況的產生，是因為經過較久時間的用心努力，體念忽空，光影煥發，孤光偶而顯露的原故；到了此時，應該採取的態度，是對境不視不看，進一步更令自己放下，不必再起觀心看念頭的作用。對於光明影像、喜笑悲啼、吟詩作偈等，一定要瞭解，這些仍是妄念所生，由於這些妄念太微細了，所以很難覺察到它們是妄念罷了。

如果認為在這種境界中，再沒有妄念了，請問這些感覺、所見，及所聽，又是誰的感受？這種感受不正是細微的妄念嗎？所以，毫釐之差，足以造成千里之失，不能不小心謹慎。

（二）提起一句話頭，拚命發出疑情（所謂疑情，是不能用心思去解，去疑問去追究其事，並不是揣摩猜度）。開始時，話頭時斷時續，妄想紛飛，疑情也好像似有似無的樣子，與自己並不發生密切關係。漸漸的參下去，話頭得力了，發生了作用，就生起疑情，感覺心胸間成為一團，好像東西堵住一樣，欲吐不出，欲罷不能，不論茶裡飯裡，行時坐時，終像是有事在心不了，而對境無心，如癡如憨一般。

在這個時候，如果身體不適，面帶病容，切忌著力，應該放鬆這個念頭，調攝身體，使身心恢復自在；也可以稍微放下此心，不再參究，否則就得了禪病，甚至還可能吐血或者發狂。

如果能夠身安神爽，一直參疑下去，忽然話頭提也提不起，疑情說有似無，說無似有，身止不動，六根無用，似乎只有一點點連帶而已。

這時，參如不參，放也放不下，忽然間，心身都忘，久坐卻不知時間。到了此時，有人說，正是工夫落堂，是疑情的好時節。

一般的說法，要人在這個時候，努力提起話頭再參；有人則主張，應該就此放下，不必再參什麼話頭。

如果按照後者的說法，放下去，往往就掉落到無事甲（殼）裡；如果按照前者的說法，繼續參話頭，又往往箭過西天，多跑了十萬八千里冤枉路。

此時，如有明眼宗師接引，當下一展手眼，即可令參學的人自明自肯了。

或有上根器者，忽然觸物遇緣，即可打開漆桶，認得從前本來的面目了。

現在的禪人，陷滯在這種境界中的，實在不少。不要說根本悟不了，就算打翻漆桶，能夠悟出一些，也不過是澄澄湛湛，靈明自在，也不過是認得了「這個」而已，距離明心見性，透頂透底，還有九九八十一難，前途仍大有事在呢！

所以，一個學人絕不可籠統顢頇，妄自肯許，欺人固然不可，自欺卻也大可不必。

做工夫

做工夫這個名辭，本來是修定修觀的通俗說法，現在把做工夫，與參禪合在一起，也不是沒有道理。

工夫這件事，在禪門中的解釋，就是行履，或稱為工用，也稱為日用事。在未明心地以前，這些都是屬於參話頭的事，在前面參話頭一節中，已有說明了。

再談已明心地以後做工夫之事，學人在初見性時，感覺心身空寂，了無一物，一切山河大地、人我及眾生，都是一樣，並無分別。好像在大圓鏡中，雖不起分別之心，但一切見、聞、覺、知，了了分明，只是一切但如飛鳥行空，清風疏竹，了無掛礙，心明境寂，有如萬里晴空，身輕愉快，如春風吹絮。

到了這一步，則需要保任（就是保護任運自在）。有人在這個時候，即於山邊林下，涵養騰騰；有人則掩空閉關，杜絕外緣。這些都屬於順緣而行的直路，比較容易保任。如果處於世俗人世之中，做日常俗事，而想在燈紅酒綠之處保任，實在是很困難的，稍有不慎，就會隨環境浮沉，一旦被環境所牽，再要轉回來，就不容易了。

不過，如果道力堅固，智慧極高的學人，與「這個」對面相逢，卻能隨時認得。

到了這個階段，應該保持一種沉靜收斂的行徑，潛符密行，只許自行將養，緘默自修，久而久之，忽然有一天，或一時，自己的這個境界鬆掉了，心身頓寂，兀爾若忘，人我天地，都拋向那邊，連環境、空法也沒有了，一切如冰消失於水中，影蹤全無。有兩句詩可以形容：「羚羊掛角無踪跡，一任東風滿太虛」。

在這種境界中定住了，或經過短時間，或經過幾天，也許更久，然後忽復覺來，如雨過天青，從前的紛亂，如昨夜的夢境，此心此身，無論語默動靜，都像在夢中，在鏡中，正是「我自無心於萬物，何妨萬物常圍繞」。

這樣的境界，在最開始時，是不知不覺偶然碰上的，自己無法作主控制。這偶然的碰上，或時常的碰上，都是瞎貓碰上死耗子的運氣，並沒有一點自己力量可用的地方。

如果長久用功下去，可以捉摸到關鍵。當能夠把握關鍵時，就可以隨時隨地作主了，要拋向那邊，即離開此界；要翻回此界，就從那邊出來。

到了這個程度，就可以見到來、去、空、有的真實意義，佛法稍許現前了。但是，也許應該說，佛法還沒有現前，一直要到脈解心開，六般神用無不自在才行。

凡是悟性之人，自己自然瞭解作活計，知道應該怎麼作，不必向人說明。向人說明是正三昧耶戒所戒禁的。

到此為止，算不算是悟了呢？

答案是，這與悟不悟無關，這純粹是工夫方面的事情。溈山曾說過：「祇貴子眼正，不說子行履」，對於上根利器，這一套都是廢話，是一堆無用的老爛葛藤，理它幹什麼！一個頂天立地本來平常的大丈夫，何必理這些爛葛藤呢！

然而，「高高山頂立，深深海底行」，花樣翻新，無妨舊版。但切實記住，最初的，就是最後的；最後的，也就是最初的。

佛法的基礎，是小乘經論所說的道理，但是它們和上上大乘妙密之行，也是相通的，並沒有什麼奇特玄妙存在。如果執著於工夫，把工夫當成真東西，就是法執未脫，癡狂得厲害，用禪門正眼來看，都是屬於鈍根小智之輩而已。

如果一個過來人，一個具有眼光的宗匠，對於學人的境界程度，一看便知，用不著學人開口問答。所以學人的命根，是掌握在宗匠手中，巧施鍛鍊，無不相應。

如果學人不幸，碰見的老師是個知解宗徒，一切只會說理而已，就像一隻會說話的鸚鵡，只會學語，實際上心中無物。這時，學人到了前站，向他請教時，回答往往是馬後炮，誤人子弟不說，自己還不知道錯在何處。像這一類的人，舉世滔滔，殊為可歎。

一個真善知識，逢到學人入室請示，必須審慎觀察，在如來大定的境界，觀察來人的根器差別，以決定學人應採用的修法。例如，如果學人害的是熱病，應以涼藥去治；如果是寒病，則用熱藥，不能夠一味籠統，無論相應與否，一概教一個話頭。這種做法，等於用一個藥方，去治所有人的病，一定會誤掉不少性命。

像古德所說的：

「三條篾箍住肚皮，香爐古廟，冷湫湫底去，寒灰枯木，一念萬年去，一條白練去」。

「欲明此事，必須大死一番始得」。
「此事如枯木生花，如冷灰爆豆」。
「懸崖撒手，自肯承當。絕後再蘇，欺君不得」。
這些說法，都是禪師們當機的開示，以實地工用及見悟同超，並不是口頭上泛泛之言。所以，善知識須看學人的程度，才能夠因病施藥，不能匆忙潦草，撿一些古人的牙慧，冒充善知識，等於陳列古董死語，不論鋪排得多麼好，對學人也沒有一定用處。
以上這些話，說來說去，也都是夢寐之語，千萬不要當做實法。
既說不要當做實法，何必又說了前面一大堆呢？
舉例來回答吧：如果有人用鋼琴伴奏，高唱一曲《大江東去》之後，不妨再用吉他伴奏，唱一段低音《紅豆詞》。
為什麼呢？我的回答是：「縱然一夜風吹去，祇在蘆花淺水邊」。

神通妙用

一般學佛學道的人們，在開始的時候，內心多半都懷有一種神祕的觀念。換句話說，就是因為這種神祕的觀念，才促使他們學佛學道；也可以說，探索神祕就是他們學佛學道的動機。

普通人對於佛道的問題，有些是採取不信的觀念，有些是抱著懷疑的態度。不過，不論是相信，或者懷疑，隨著而來的，都免不了神祕的心理，因為宇宙間的許多事理和知識，都不可能只憑見、聞、覺、知去思量而獲得結論。也就是說，宇宙間的事，有許多是不可知的，這種不可知，就是神祕的根源。

佛法本來是很平常也極實在的事情，佛法所談論及研究的範圍，是心性的道理，以及體性的「空」和「有」的真實意義。如果說到學問和修道，毫無疑問的，佛法是最高最圓滿的。但是，在佛經的記載中，卻摻雜了許多有關神通的說法，而且說得有憑有據，就像是演義小說中的神話一樣。一般衛護佛教的人們，對這種神通的說法極力支持；而一般詆毀佛教的人們，則認為神通的說法，純屬荒誕。

其實，不僅是佛教的經典摻雜了神通和玄祕，其他所有宗教的學說，都具有很深的神祕性。佛經中所說的神通和鬼神，含有權威和真實兩種意義，而其中的區別，什麼代表了宗教的權威性，什麼代表真實性，則又各有各的說法，不盡相同。

在中國的佛法中，禪宗屬於中堅宗派，也就是說禪宗是很重要的宗派。禪宗的說法，認為心、佛和眾生是三位一體毫無差別的。這種說法，似乎已經完全擺脫了宗教的神祕色彩，而成為一種崇尚真理的學說。

在禪宗談到心法的問題時，觀念是只要悟見心性就是佛了；而按照佛經來說，凡是佛，都具備了各種神通。照這樣推算下來，我們就要問，禪門中悟道的人，既然算是佛了，那麼他們是否就具備各種神通了呢？以往的禪門大德，確實有許多人是具有神通自在的，現在的禪門之中，真有神通自在的人嗎？

有些人，將佛法當做一種學術思想，這些人心目中對神通另有看法，他們認為，神通只是一種權變的說法而已，根本不必加以討論。更何況，釋迦在世的時候，對於神通是極力反對的。關於這一點，在戒律中有明文規定，任何人如果愛好談論神通，就算是病態的行為，或者被列入魔道外道的名單，大家都要群起而反對他了。

近來有一位大德，對禪宗極力批評反對，他揚言道：誰能見性？我就不相信真有人能見性，如真有人見性，就請他出來表演一下神通，來做一個證明。如果他真的見了性，怎麼頭頂上沒有圓光？也沒有長成丈六那麼高？更沒看見他的六種神通自在呢？

但是，如果和這位大德談佛理的話，他又極力反對妄用神通，認為施展神通是犯戒的。

這位大德的見解，實在模稜兩可，令人不能明白，因為照他的說法，有神通就是荒誕，無神通又不能證明是悟了道。聽起來，這種說法真像是開玩笑，等於說，如果太陽出來了，就用慧日增輝來描寫，如果下雨的話，就用慈雲法雨來形容，反正全憑他個人隨便說，兩邊都對，全是兩可的話。請問，佛法怎麼可能是模稜兩可的說法呢？

這位大德的話，頗像明末清初文人顧亭林的說法。顧亭林在他的《日知錄》中表示，認為佛所說的法，就像是兩個水桶，一個桶裝滿了水，另一個是空桶，把這一桶水倒入另外一個桶中，再倒回來，反正倒來倒去，就是這一桶水而已。前面所說這位大德的言談，就和顧亭林的話差不多一樣。

這位大德對學禪的人的詆毀和批評，只是以個人的好惡之心為出發點，他的話，聽起來實在不算公允，因為基本上的見解錯誤，尤其為了批評學禪的人，而影響波及到禪宗，更不合情理，所以不必同他爭辯。

密宗和道家，本來是只管修行學道，並不談論有關神通的事情。可是，當他們判斷學人的成就程度時，又都是以神通作為衡量的標準。這種態度和見解，也實在算是荒謬了。

密宗認為，禪宗和其他各顯教的宗派，有關修行方面，都沒有修氣脈的方法，因此決不能達到「即身成就」，當然也就沒有神通的發生和能力了。

道家則認為，佛法只知道修心修性，而不知道修身修命，所以也不能達到「形神俱妙，與道合真」，當然也不會有神通。

這兩種說法，差不多是一樣的，由此看來，如果想在義理方面，對如來藏性加以求證，是多麼的困難和不可能。近些年來，歐美的學者們，對印度的瑜珈術（常見於各報紙和刊物）及催眠術等，都極重視，就是因為他們覺得神通是可信的事實，只不過學佛的人達不到神通的境界而已。

為了消除大家的懷疑，特別將有關神通的事情，隨便說一些作為參考。

什麼是神通？神通又稱為神通力。有關佛法的術語，都有一定的含義，不可能隨便亂加解釋。「神通力」三字，顧名思義，先由名辭來解釋它們的含義。

神的意思是妙用不測，通的意思是通融自在，力的意思是力用，三個字連在一起，就是有不測妙力能變融通自在的意思。也就是說，一種奇妙莫測的能力，可以任意變化應用的意思，這不就是神通嗎？

神通是由得定、得慧力而產生的，在《法華經》序品偈中說：「諸佛神通，智慧稀有」。

佛經上所說的神通，有一種說法是十種神通，有一種說法是六種神通（簡單稱為六通）。不論是十種或六種，都是數字而已，不必計較，現在只討論六通，因為六通實在已經包括全部神通了。

六通就是：天眼通、天耳通、他心通、宿命通、神足通、漏盡通。

《法華文句》三之一，討論神變說：「神變者，神，內也；變，外也。神名天心，即是天然內慧。變名變動，即是六瑞外彰」。

《法華義疏》三：「神變者，陰陽不測為神，改常之事曰變」。

《法華玄贊》二：「妙用無方曰神。神通變易曰變」。

《孟子》：「大而化之之謂聖，聖而不可知之之謂神」。

這是一些有關神通的解釋。很明顯的，關於神以及變化，還有陰陽不測等解釋，都是採用《易經》的定義；而認為天心就是神的意思，則是採用道家的說法。

如果我們天然內在的智慧，能夠發展到通達一切的時候，自然就可以明瞭陰陽的道理和變化，進一步也就可以掌握天地間的變化和滋生了。

以上的各種說法，簡單歸納起來，可以給神通下一個定義。就是說，如果身心內外能夠通達，毫無障礙，而神又能自由的產生各種變化，就是神通。關於神通，在佛法中分為兩種，一個是法身神通，另一個是報應身神通。

法身神通

在談到法身神通之前，我們先要明瞭什麼是法身？法身的意思，就是佛的法性身。

那麼，什麼又是佛的法性身呢？法性身就是佛與眾生，以及宇宙間的一切，有同一的如來藏性，也就是本體的意思。換言之，法性身就是宇宙萬有

（包括了佛與眾生）的本體。

按照佛經的說法，一切眾生本來就具有佛性，不但佛具足法身神通，就連一切眾生，凡是心物的顯現表達，都是神通神變的作用。這就說明一切眾生也是有一些神通的意思。

為什麼說一切眾生心物的表現，也算是神通呢？因為佛與眾生及一切萬有的本體，本來是空寂的，這個空寂的本體，又是看不見的、不可知的，更是不可思議的，不能夠用心去思想，不可以用言語來表達的。但是這個不可知、不可思議的本體，一旦動起來發生了作用，就生出了世間萬物，其變化是無法測知的。這豈不就是神通變化嗎？一切眾生既然也是這同一個本體，所以眾生一切的顯現也是屬於神變神通了。

所以說，一切眾生本皆具足法身、神通，一切都是本來就有的，既然自己已經具備了圓滿的一切，又何必再向外面去找呢？

不過，如果一個人的見、聞、覺、知，除了能夠使自己的心和身體，產生思想和行動之外，進一步，還可以對身心以外的事物產生作用。而這一切的思想和行動的幕後主公，卻不知道究竟是什麼，這不就是神通變化的不可測嗎？

所以，佛經上說，佛菩薩的神通不可思議。這就是對法身神通而言。佛的神通固然是神奇不可思議，豈知一切眾生的業力，也是一樣的神奇不可思議。神通和業力都是一樣的神奇，他們的本質是相同的。所以，如果眾生能夠將自身的業力經過修行而轉變，證入自性法身，就成為法身的神通了。

因此，有古德說：「青青翠竹，悉是法身。鬱鬱黃花，無非般若」。龐居士說：「神通與妙用，運水及搬柴」。這種解釋，是實實在在的老實話，絕對沒有虛假。

報身神通

先要瞭解什麼是報身，然後才能瞭解報身神通。

一個人生下來，就有身心，這個娘胎裡生下來的心身，就是以往業力的果報，成為報身。

人的這個報身，在宇宙間受了很大的限制，身和心的應用，只能達到某種限制，卻不能自在如意。

譬如說，心裡想飛起來，可是兩隻腳只能像青蛙似的跳一跳；思想可以像風雲一樣任意飄遊，而身體卻只能在小範圍之中活動。

我們的身心，為什麼不能返回與本體合一，而產生自在如意的妙用呢？對於這個問題，臨濟祖師曾說過：「人人赤肉團上，有一無位真人，常從汝等面門出入，未證據者看看」。

雲門禪師也說過：「乾坤之內，宇宙之間，中有一寶，祕在形山」。又自代云：「逐物意移，雲起雷興」。

二位禪師的話，都是描寫我們這個報身所受的限制。道家有句話，認為人被困限在金木水火土的五行之中，這就是說明，報身是受形體物質的拘束和限制的。

怎麼樣才能打破形質的限制，返回本體，而發起本體自然功能的妙用呢？

要達到這個目的，就需要修持了，要修行達到定和慧雙重的成就，開發天然內慧，覺照大千，再以定力擴充工用，就可以達到神通。所以佛曾經告訴我們，「通」是從定力所發出的，沒有定慧的能力，不能神通於萬變，不能夠自在，不能夠打破物質的限制。

可是，我們這個身心所產生的定慧，是由法身而來的，也就是說，法身是我們定慧的主人翁。

法身的另一個說法是「性」，就是「明心見性」的性，也是「本體法爾」的功能。據佛所說，報身神通的發起，有五種方式，即修通、報通、依通、妖通、鬼通。

報通：這是自然而具有的，天神和人都可能得到神通，中陰身則具有五種神通，即天眼通、天耳通、他心通、宿命通、神足通。有些人具有神通，是因為以往多生多世修習定力，或修習神通，功德莊嚴，而能生下來就帶有相似的神通力，這就是屬於報通的一類。

依通：藉著符咒法術等，而發起的相似的神通，稱之為依通，這是依賴另外的力量，而顯出神通的作用。
妖通：如有魔怪依附在人的身上，這人就有了相似的神通；魔去了，神通也沒有了，這是妖通。
鬼通：有鬼附在人身，使這個人有相似的神通力，通常這種力量很有限，這是鬼通。
修通：這是用自身定慧的力量，不斷薰修而得的神通，換言之，這是努力修學而得來的。
不論哪一種方式得來的神通，都只限於五種神通，並不包括第六種漏盡通。那麼，漏盡通是如何得來的呢？一個人證得了佛法中的正覺時，自然就有漏盡通了。修行證得了羅漢果，也具備了各種神通，但是，因為小乘的羅漢，沒有證得如來正覺，故而不能像佛一樣圓滿具六神通。最高成就的羅漢，有些也是沒有漏盡通的。

佛對神通的態度

佛雖然具備了各種的神通，但是卻並不重視神通，相反的，佛還極力反對重視神通的觀念。為什麼呢？這是因為神通也是虛妄不實的事，就像世上一切的事物一樣，都是無常，都是虛幻的，等到時限來到，都會消滅，神通也無法挽回，連自己具備的神通本身，也會消失無蹤，所以佛才極力反對人們執著神通。

佛的弟子之中，有一個目犍連尊者，是神通第一的人，等到無常到來，他非死不可的時候，他曾經運用神通的力量，躲到天堂，躲到地獄，又躲到二鐵圍山中，神通力都用盡了，躲也躲不掉，仍然是死。

所以佛說：有神通不必得意，這不過是魔術一樣的玩意兒，是虛幻不實的，只有法身寂滅，性空緣起，才是真實的。

從法性本體的立場來看，一切宇宙萬有的各種人和其他生命，都是變化而偶然存在的。再說的清楚一些，這些人物眾生和宇宙間的一切，都是受時間的限制，只有一段時間的存在，終致毀壞，結果是空。在他們存在的時候，也是因為許多因素的聚合，而假借著一個形質存在而已，形質毀時，一切豈不都是虛幻嗎？

心的力量加上一個有形的身，如此的具體，尚且不可能永久存在，更何況由這個心身所產生的神通，更不可能長存不滅了，一個人怎麼能夠依賴這種虛幻的事而自得呢！

這個道理，一定要澈底參透，然後才會瞭解，神通並不是沒有，只是幻變而產生的，也是無常的。

修來的神通

如果想瞭解修行而得的神通，必須要瞭解心物一元的道理：

心和物二者本來是一體的，心為主，而這個心，通著本體靈明妙性的功能。物就是心的作用，這個物，是依附於靈明妙性的一種物質形體。這心物二事，實際上就是一回事，一就是二，二就是一。也可以說，這一回事的一邊是體，一邊是用，體用二者合起來，就是心物一元。

《楞嚴經》中說：「不知色身，外泊山河虛空大地，咸是妙明真心中物」。所以說，山河大地（即物質）與這個身心（身也是物質），同是一個體所生的。佛學中唯識學的原理，也持同樣的說法，認為山河大地與我們的身心，都是由第八阿賴耶識所變生出來的。

現在暫不討論山河大地，只談一談我們的心身。這個心身，就是心物一元，心身是一元中的二用，即體和性。

既然心身二者為一元，修定的人，不能說只對付自己的心，使能夠得定即可，而不管自己的身。如果身體不調順，這個心又如何能夠得定？反過來說，如果心不能定，這個身又如何能夠調順呢？

所以說，要修定慧，首先要調整心身，心身能夠調順好，定力就可以開始發展。日久天長，工夫漸增，此心此身可以打成一片，好像和虛空一樣，然後可以返合於本體，再發生妙用，與本體的功能相呼應。於是，「感而遂通」，神通妙用自然就有了。

幻境相似神通之錯誤

凡是學佛參禪的人，或是其他宗教的修行人，以及各種各類的外道，大家所有用功的基礎，都是從禪定開始。這個禪定的意思，就是平常所說的靜。

譬如說，練習打坐這件事，也不過是禪定工用的一種姿勢而已，不可以說禪定就是打坐。在開始練習禪定的時候，一個人很不容易寧靜下來，多半是滿腦子胡思亂想。等到稍稍能夠靜一點下來的時候，就會很容易產生兩種現象：

（一）感覺自己身體起了變化，例如氣血十分流通，有舒服的感覺，小腹部丹田也發暖；或者是一身發冷發熱，又癢又出汗；或者在不知不覺中，自己就搖動起來；或者感到渾身輕鬆愉快；或者感到有東西在身體內流動。

像這種身體的變化感覺，可能是一種，可能有幾種，可能有規律，可能沒有一定的法則，隨時都會發生。時間久了，身體狀況進步，自己可以感到健康增進了，頭腦也十分清爽，似乎是耳聰目明，氣色光潤。

這種種的反應和現象，其實都是靜中所發生的必然現象。不足為奇，不過其中當然也有一番道理。

我們的身體，具有一種生機不絕的力量，是人體的潛在功能，在生理學上，稱這個潛在功能為本能活動。

本能活動，並不是只在思想意識活動時才起作用，它是隨時隨地不知不覺間都在起作用。在思想意識不活動時，它的作用反而更為顯著。例如，人在睡覺的時候，右側睡久了，用不著思想意識的指揮，本能的活動就會使人翻身到左側去睡。又如人忽然要跌倒時，他的手腳四肢，都會自動去支持自己的身體，這也是不需要經過意識，而是本能活動起的作用。

這種本能，是身體新生力量的生機，如果有思想意識混合一起，反而會干擾或障礙本能活動。因此，思慮過度或勞動太多的人，常常會感覺疲倦，損害健康。所以，病人一定需要休息，才能恢復健康。醫生們認為，休息和睡眠是不花錢的多種營養品，就因為人在睡眠休息時，意識成為潛伏少動的狀態，這時，生理本能活動就增加了作用，使精神充沛，健康恢復。

人在習靜禪定之中，意識也漸漸走入寧靜潛伏狀態，本能活動的作用增強，使人漸感體力精神增加，身體輕鬆愉快，這是靜相中之自然、必然、當然的現象，不足為奇。

但在靜中時，意識的感覺並沒有完全停止，所以，對本能活動的種種現象，會產生知覺。許多人因此以為自己有工夫了，有道行了，已經通了，超越常人了，洋洋自得，充滿了興奮。對於這種情景，不知不覺的執著起來，一旦執著於這些事，跟著就會產生種種幻覺，進入了佛所說的魔境，而入魔了。

（二）習靜或禪定稍久，另外的一種現象，就是在靜中忽然感到光明顯現。有時，在閉著眼的時候，能感到頭上，或目前，或身體內部，都在發光。有人甚至在暗中可以看見，黑夜中所見的一切，像白天一樣清楚。

最初，在幻境中出現了雲霧，好像夢影一樣的，又像真又像假，漸漸的，幻境中一切人物都鮮明清楚起來。最奇妙的事，就是一切隨自己心中所想的出現，如果心中想見菩薩，菩薩就來了；如果想見上帝，上帝立刻就到；想見鬼神，鬼神也應念而生。

進一步深入時，不但可以看見自己要見的，而且可以聽到他們的聲音，日久工夫再深，甚至可以預見許多人事的變遷，屢試屢驗。

於是，自己覺得已經得道了，也得到了神通，已經進入仙佛的境界；甚至，有些人會另外有一個身體，能夠自由出入自己現在的身體，也可以在外面神遊，一切如意自在，稱為出神。

這一切現象和境界，只不過是一種突然的變幻，這種變幻，是人在靜定的境界中，本體功能偶爾與宇宙的光與電磁，相互影響作用而產生的。這種變化與神通相似，但只是幻境而已，如果貪愛不捨這種幻境，自然就會陷入魔境了。

為什麼靜中會有這種幻境發生呢？說起來，這不過是一種自然功能變幻的現象，這種自然功能，是心理和生理兩方面交互作用而產生的變幻。

在一個人靜久時，心理上的明瞭意識，漸漸沉寂下來，思想理智的作用，跟著就陷入了半昏迷狀態。這時候，人的潛意識（唯識學稱獨頭意識，或獨影意識）忽然起了作用，於是就發生了前面所說的種種現象。

不過，這些現象，也不是完全屬於心理作用的範圍。人的生理方面，純粹是物質的，這個物質與宇宙間的聲、光、電等功能，是完全一樣的，都可以彼此相互影響而感通。就像道家所說的，宇宙是一個大天地，人身是一個小天地，也就是說，人身是一個小型的宇宙。

人的日常生活，都在動中，與宇宙間的萬物一樣在運動，在放射，在消散。現在忽然將日常的動，改變成為靜，生理的自然功能，在偶然碰上外光、外力的交互作用時，由動而靜，像是兩個力量在摩擦，不免發聲、發熱、發光。這些聲、熱、光，免不了引起心理上的幻覺。

等到一個人的心理，習慣於變態幻覺時，生理上也就不自覺的進入了變態幻覺。如果自己不能辨別，反而認為得到了神通，那實在是愚蠢之極了。

一個人到了這種境界，如果不大嚴重的話，就會終日生活在幻覺幻想中，自以為神仙天人、佛菩薩下世等等。等而下之，因為過分執著這個幻境，生理上消耗太多，終至於發狂，或腦充血，或者夭亡，都是必然的結果。

以前香港有一個小和尚，手握小電燈泡打坐，他在打坐時，可以使燈泡亮起來，常常表演，大家都以為他神奇，過了兩年就夭亡了，實在愚笨的可憐。

靜中感到的各種魔境，在《楞嚴經》中都有詳盡的分析和解釋，這裡不再多述。初期翻譯的佛經，都將「魔」字譯為「磨」字，因為磨的含義，有磨煉和磨折的意思。後期翻譯的佛經，才改為「魔」字，魔字與魔鬼妖精發生聯想，就進入神祕的範圍了。

學人應該常常用智慧來判斷，不能隨便而糊里糊塗陷入了魔境，成為精神病，或精神分裂症。這種現象絕對不是成佛得道，一定要特別小心認清才是。

修靜習禪定的人中，女性和幼童，比較容易發生第二類光幻現象。其次，生理上有病態，心理上多幻想，以及智力愚昧的學人，也容易發生這類現象。這與生理、心理都有關係，非常複雜，暫時不加討論。唯女性和幼童，容易得到定力，但慧力則稍差；男性則容易得到慧力，而定力卻較難。定慧不能調和，也是心理和生理上天然的差異，除非是修持工夫長久的人，否則想得到定慧相等的正三昧，是很不容易的。

修禪定習靜的人，多數是在昏沉迷惘的狀態中，才會發生光影幻覺作用。這時的昏沉，好像被催眠時的昏迷那樣，自己絲毫不知，潛意識跟著發起作用；再加上個人貪著於幻境，心理意識也就趨於錯覺，終於沉入了魔境。

如果在幻覺發生的時候，能夠保持自己的清明智慧，不隨任何幻覺、幻境、錯覺等的轉移，在任何光色音聲幻境之中，絲毫不加注意，置之不理，最後一切的感覺反而消失了，自己也不會落入昏沉的境界，也不會散亂，而進入一個靈靈明明無物的境界。這樣繼續下去，才能得到正定，也就是真正的定力。

《金剛經》上說：「凡所有相，皆是虛妄。若見諸相非相，即見如來。……若以色見我，以音聲求我，是人行邪道，不能見如來」。

所以說，一切的幻境，都是虛而不實的錯覺，不可以當真，更不可去執著它。不但幻境不可以當真，就是定相出現，也不可以當真，因為定相雖然是好事情，但也是屬於《金剛經》上的「凡所有相」中的一相，所以，這個相也是屬於虛妄的。

許多學佛學道的人，自己落入了幻境之中，而不自知，還要替別人看光看影，判斷人家的吉凶禍福，以得道的人自居，所以學人要絕對慎重，千萬要戒除這些事才對。

如果能夠不當真，不執著這種現象，瞭解這些靜中的生理變化，只不過是因為心意識的作用，使自己有這一切的感覺而已，並且要立刻檢查而覺悟，使自己的心念保持不動，一切自然會雨過天晴，幻境過去，就會更進一步了。

正定所發的通明

佛經上說：「通自定發」，表示神通是從定中發出來的能力。不過，這裡所說的定，並不是普通的靜境，而是正三昧定。

什麼是正三昧定呢？依照境界和程度，正三昧定共分為九個階段，稱為「九次第定」。九次第定中的第四階段就是四禪定。達到了四禪定，就是達到了「捨念清淨」的境界，思想意識都不起了。

修行達到了四禪定，時間久了，工夫也深了，再依照應該遵循的方法繼續修持，漸漸的，身體氣脈都轉變了，這個身體已經大大不同於以往的自己。後來心身就完全融合在一起，心息也可以自由的控制，能夠很快的入定。

入定後，自己的感覺和感受都沒有了，如果要從定中出來，隨意應用，就能將普通的常光，與本體的功能合而為一。於是通明的力量就有了，這個通明的力量，運用起來就是神通。所以「通自定發」，要得到神通，必先修到頗深的正三昧定才行。

《楞嚴經》上說：「隨拔一根，脫黏內伏。伏歸元真，發本明耀。耀性發明，諸餘五黏，應拔圓脫，不由前塵所起知見；明不循根，寄根明發，由是六根互相為用」。這裡所說的伏歸元真，就是心身寂定入定，而返回本體自性之中。在這個境界長久下去，體性的功能就自然自在的發出光明來了。

這些事的真實情形和境界，很難用言語文字加以描寫，若用文字言語去形容。反而會使人執著於文字，而成為一種障礙。

其實，最重要的事，就是先能夠開悟，解決了心的問題。但是，解決了心，使自己不再隨著妄念流轉，仍是只解決了一半的問題，必須再能將自己的色身（物）轉變，才能夠使心物一同返歸法爾本性。到那個時候，體和用二者，都可以自由自在了。

學習密宗的人認為，顯教和禪宗都不修氣脈，不理色身，所以不能夠在此生之中成功，也不能得到神通。豈不知，禪宗的法門，是以直見本性為重點，如果真能夠澈底見性，那麼神通妙用自然都有了。正像《楞嚴經》上所說的「性火真空，性空真火」，地、水、火、風等，也是一樣的性質。能夠證見本性的人，一切都可以應用，毫無阻礙，因為一切都是自己本來已經具有的，用不著向外去尋找。如果說自己還不能夠有這個能力，那是因為工夫沒有到達，程度還比不上前輩的標準，所以力量不夠。

不過，神通雖然有奇妙的用途，到底是幻妄的，沒有證到正覺，未得漏盡通的修行人，如果偶然有了五神通，多半會跟隨神通的境界而流轉，迷失了自己的方向，而墮於魔道或外道的範圍。

佛法是以正知正見為重心，是用這個正知正見教導世上的人們，使一切眾生，都能得到智慧的解脫，才是最高的圓滿目標。如果用神通作為教化的方法，反而容易使眾生迷途於神祕和虛幻，錯過了證得正覺的真正道路。

因此，釋迦的遺教，是絕對禁止神通的，就是因為避免眾生誤入歧途的原故。經典上說，大阿羅漢也有神通，也沒有神通，不論有神通或沒有神通，他們能得漏盡通的資格，都是一樣的（見《大智度論》）。

禪宗最重視正確的見地，所以並不重視神通這樁事。在禪宗叢林中，有一種規定，凡是顯弄神通迷惑眾人的學人，一經發現，立刻放逐，趕出叢林。佛的正法眼藏，依賴這條戒律，才能夠保持正路，而沒有流入邪魔外道之群。

禪門的祖師們，因特殊原因，需顯現神通時，平常必定裝瘋賣傻，表示癲狂以作掩飾，他們更不會接承禪門的正印。凡是要承受正印傳法，荷擔慧命的祖師，則絕對不談神通，反而以平常實在的作風，作一個普通的人，作一個人天的表率。茲節錄禪門古德神通事跡如下，以證明禪宗並不是不能即身成佛，也並不是沒有神通，只是因為不願意以神通為標榜而已。

「隱峰禪師……冬居衡嶽，夏止清涼。唐元和中，薦登五台。路出淮泗，屬吳元濟阻兵，違拒王命。官軍與賊交鋒，未決勝負。師曰：吾當去解其患。乃擲錫空中，飛身而過。兩軍將士仰視，事符預夢，鬭心頓息。師既顯神異；慮成惑眾，遂入五臺示滅」。

「普化禪師。臨濟初開堂，師首往贊佐。唐咸通初，將示滅，乃入市謂人曰：乞我一個直裰！人或與披襖，或為布裘，皆不受，振鐸而去。臨濟令人送與一棺。師笑曰：臨濟廝兒饒舌。便受之。乃辭眾曰：普化明日去東門死也。郡人相率送出城。師厲聲曰：今日葬不合青烏。乃曰：明日南門遷化。人亦隨之。又曰：明日出西門方吉。人出漸稀。出已復還，人意稍怠。第四日，自擎棺出北門外，振鐸入棺而逝。郡人奔走出城，揭棺視之，已不見。惟聞空中鐸聲漸遠，莫測其由」。

「瑞巖彥禪師。嘗有三僧，胡形清峭，目若流電，差肩並足致禮。師問曰：子從何來？曰：天竺。曰：何時發？曰：朝行適至。

曰：得無勞乎？曰：為法忘勞。諦視之，足皆不踏地。師令入堂，上位安置。明旦，忽焉不見。又嘗有村媼來禮，師曰：汝莫拜，急歸救取數百物命。媼歸，見其婦方拾田螺歸，媼因亟投水中。又數家召齋，一一同時見師來赴。生平神異之跡，不可勝述云」。

「大道谷泉禪師，性耐垢汙，撥置戒律，眼蓋衲子；所至叢林輒刪去，師不以介意。得法於汾陽昭禪師……山有湫，毒龍所蟄；墮葉觸波，必雷雨連日，過者不敢喘。師與慈明暮歸，時，秋暑。捉明衣曰：可同浴。明掣肘逕去。於是師解衣躍入，霹靂隨至，腥風吹雨，林木振搖。明蹲草中，意師死矣！須臾，晴霽，忽引頸出波間曰：囫！明嘗遣南公謁師，師與語，驚曰：五州管內，乃有此南匾頭道人耶！及南公住法輪，師復以偈招之。南公以師坦蕩忽繩墨，戲酬以偈曰：飲光論劫坐禪，布袋經年落魄。疥狗不顧生天，卻笑雲中白鶴。後住保真庵，蓋衡湘最險絕處。夜地坐祝融峰下，有大蟒盤繞之。師解衣帶縛其腰，中夜不見。明日，策杖徧山尋之，衣帶纏枯松上，蓋松妖也。……嘗過衡山縣，見屠者斫肉，立其旁，作可憐態，指其肉，又指其口。屠問曰：汝啞耶？即首肯。屠憐之，割巨臠置鉢中，師喜出望外，發謝而去；一市大笑，而師自若。以杖荷大酒瓢，往來山中，人問瓢中何物？曰：大道漿也。……嘉祐中，男子冷清，妖言誅。師坐清曾經由庵中，決杖配郴州牢城。盛暑負土經衢，弛擔作偈曰：今朝六月六，谷泉被氣𤸱，不是上天堂，便是入地獄。言訖，微笑，泊然如委蛻。闍維，舍利不可勝數，郴人塔之，至今祠焉」。

「雲居膺禪師，結庵於三峰，經旬不赴堂。洞山問：子近日何不赴齋？師曰：每日自有天神送食。山曰：我將謂汝是個人，猶作這個見解在！汝晚間來。師晚至，山召膺庵主，師應諾。山曰：不思善，不思惡，是甚麼？師回庵，寂然宴坐，天神自此覓尋不見。如是三日乃絕」。

「仰山禪師。有梵僧從空而至。師曰：近離甚處？曰：西天。

師曰：幾時離彼？曰：今早。師曰：何太遲？曰：遊山玩水。師曰：神通遊戲則不無闍黎，佛法須還老僧始得！曰：特來東土禮文殊，卻遇小釋迦。遂出梵書貝多葉與師，作禮乘空而去。自此號小釋迦」。

「黃檗禪師，閩人也。幼於本州黃檗山出家。額間隆起如珠，音辭朗潤，志意冲澹。後遊天臺，逢一僧，與之言笑，如舊相識。熟視之，目光射人，乃偕行。屬澗水暴漲，捐笠植杖而止，其僧率師同渡。師曰：兄要渡自渡。彼即褰衣躡波，若履平地。回顧曰：渡來！渡來！師曰：咄！這自了漢，吾早知，當斫汝脛。其僧嘆曰：真大乘法器，我所不及！言訖不見」。

生死之間

世界上的哲學，都是以探討宇宙萬有的真理為最高目標，而世界上所有的宗教，都是以可作生死心靈依歸，為對人類的號召。

世界上的人，個個都想長生不老，誰也不會厭惡活下去而希望死掉的，除非是精神病。而凡是希求不死的人，當然更奢望自己永遠活著。所以說，死生這件事，是人類的一樁大事情。學佛的人的目的，尤其是學禪宗的人，也都標榜是為了「了生脫死」；或者說希望根本解決了生死的大事，達到自在自如。

死生問題

綜括起來，哲學和宗教對於死生的問題，約有三種不同的說法：

一是認為人死之後，一切都消滅了，與草木一樣的腐化，一般唯物學派，大抵都是這種主張。在佛法的觀點來看，這種觀點屬於「斷見」，就是斷了之後，再也不會有的意思。

二是認為人死之後，物質消滅了，但是精神卻長存。這種說法之中，又分為兩派：

（一）認為精神長存，但不必去追究為何長存，這是普通說法。

（二）認為精神或升天堂，或入地獄，以這個人生前行為的善惡為標準，決定他死後到何處去。這是屬於宗教的說法，佛法認為這是屬於「常見」的範圍。

三是認為死後生前的事，究竟是有是無都無法知道，所以只要把握住現實的人生就可以了。人的一生應該追求人世的幸福，在人生本位上盡到個人的本分，一切任其自然而來，順其自然而去。所以莊子認為生死只是一條木幹的兩端而已。

佛法對於生死問題的見解，與其他哲學宗教的見解完全不同，佛法認為，宇宙萬有的本體是一元論。

這個一元論是「體」和「用」二者合而為一的意思。所謂的「體」就是空（佛法的空，並不是虛空無物），所謂的「用」，就是「有」。

更進一步來說明，佛法的見解就是「體用」合一的一元論，也就是「空有」合一的一元論。

「空」就是體，前面已說過了，這個「空」暫時很難體會。

「有」就是用，究竟什麼是用？

「用」包括了心與身，這心與身二者都是「用」。如果認為身是物，應該算「有」；心是非物質的，應該是「空」，算是本體，那就大錯特錯了。

心和物，是二有之用，二者都是有，二者都是用。同時因生起作用的有，便構成有形和無形的種種相。所謂相，就是現象的意思，佛法是以一切相為相，一切用為用，本體無相的功能，也便在這一切相、一切用而呈現了！

人的生命與存在，也是本體起用形成的一環。佛法常以海水來比喻，如果說本體是海水，生命就是海水上的泡沫。生命是有變化的，就像海水上的泡沫一樣。波浪不斷的生，不斷的滅，海波分了又合，合了又分，這就是分段式變遷。

生命的輪迴

生命的變遷就是一個輪子，轉動不停，看不出從何處開始，簡稱為輪迴。這輪子不斷的在動，生命也不斷在變遷，從這一道死去，又在另一道開始，大體分為六道，稱為六道輪迴。這六道就是天道、阿修羅道、人道、畜生道、餓鬼道、地獄道。

在一個生命階段過去之後，另一個生命階段開始之前，稱為生死之間。生命在六道之中，不斷的生，不斷的死，生生死死不停的輪迴下去。歸納起來說，稱為過去、現在、未來三世，也就是代表時間上三個階段。

說到時間，這個時間是無始無終的，說到生命輪廻的空間，這個空間是無量無邊的，生與死的變遷，就像輪子一樣，在時間與空間中旋轉不停。

生命和宇宙萬有的一切，對本體而說，是同體的，換言之，人們的生命與天地也是同一根源的，與萬物也是同一本體的一元論。

這個輪轉與輪廻之間的生命，究竟是誰在主宰，誰又控制了這個輪廻？

佛法對這方面的答覆是：無主宰。

如果是無主宰，那一定是自然的囉？

佛法對這個問題的答覆是：非自然。

無主宰、非自然，佛法認為一切乃因緣所生。

因緣與業力

什麼是因緣呢？因緣就是許多條件，許多因素，彼此相互關聯，相互影響，相互作用。

生命的誕生與存在，只是因緣的結合。天地之間，沒有任何一個生命，或一件事情，屬於沒有原因而突然孤立發生的。任何生命和事件，都有很多因素和事件而造成，這就是因緣。

一個生命的誕生，是以自己的心識為種子（親因緣），以父精母血的物質形器為依憑（增上緣），兩個因緣聚合，就產生了生命。

生命誕生之後，繼續存在不斷，為所緣之緣（所緣緣），生命的生生不已為等無間之緣（等無間緣）。總之，一切都離不開因緣的關係，一切都是自我與依他的共同存在，都是相互影響變化，並不是另有其他的力量，或不可知的神可以製造一個生命。

佛說生命的存在，是一種「力」的表現，這個力不是物理力學的力，而是由心識所產生的，佛法上稱它為「業力」。

所謂業，有作用運動的意思，一切有作用的運動，必定有力存在其中，故稱為「業力」。

業力有強弱的不同，有時間長短的差別，有相互排拒的（如離心力）和相互吸引的（如向心力）複雜的關係。心與力相互激盪影響，產生了物質，其間非常微妙深遠（參看〈心物一元之佛法概論〉篇）。

人的心理有善的念力，有惡的念力，有不善不惡的念力，隨著念力性質的不同，發生交感或斥感的力量，同類或異類念力的聚合或分離，就造成了六道的分途。

聚合了一個人因緣業力的總和，就形成了一個人的果報，所以，忠臣孝子、義士仁人，情願為理想仁義而死，也不肯為非理性、無仁義而活。他們為理想仁義而結束了自己的存在，將生命遷住於真善美的理性境域，這就是聖賢的心性行為和原則。業力造成人們分段生死，旋轉輪迴。

體用和空有

佛法的最高目標，就是了生脫死，使自己打破形象和物質的範圍和限制，更從分斷生死的輪迴中，將自己解脫出來，而能永遠地返回寂然不動，住在常寂光明的本性中，與本體合一。

這是一個無為的境域，好像海波返回於海水，力也停止了，不再流動。不過，這還是小乘的成就，只顧自己了脫，屬於二乘的造詣。

真正的大乘精神，瞭解全波就是水，全水也就是波，波水的成和壞，就是生和滅，雖說是藉著因緣而生，但是有生就自然有滅，滅了以後又返歸為空了。所以大乘的說法：既不是因緣，又不是自然，這是法爾（天然）的運動。一切眾生，都是在輪迴之中，順著法爾天然運動而輪轉無窮。二乘最高的成就，就是能夠暫時脫離這個法爾天然運動的束縛，歸還於有為空的本體境界，常住在寂然空無一物，空無一法的涅槃境界。二乘的最高目的達到了，返歸了本體，就沉住在這個空寂的涅槃中了。

永遠沉住空寂，究竟有什麼意義和道理呢？大乘的精神不是如此的狹義，認為二乘的沉空住寂是不究竟的。二乘雖然跳出了輪迴的苦痛，從宇宙法則中解脫了自己，但是，這仍不是真正的解脫，真正的解脫自在，連涅槃都是範圍，都是境界。

為什麼說二乘是不究竟的呢？因為本體是常有而常空的，小乘沉住空寂無物，只是屬於空的一面。本體雖然有生，但也是無生，好像海水生起的波紋，不過是一段時間中海水的現象而已，是海水的動態現象；本體的空寂又像波波平復，消失於海水之中，是一種靜態現象。所有的動、靜、空、有，都是本體法爾天然的用的現象。

進一步來解釋，一切動靜和空有，像是陰陽的交互轉變一樣，動的時候，靜止的體性，就藏在動態之中；動久了，自然而靜。而在靜止的時候，動態的能力就含藏在靜止之中；靜久了，動能又開始運動。這就是《易經》上所說的陰極則陽生，陽極則陰生的陰陽翕闢的道理。

所以在本體上來說，動和靜只是本體所顯出的「用」而已，也就是說，空和有都是本體兩個「用」而已。

大乘菩薩道中，概括了一切，認為生死和涅槃都是夢幻一樣的，不可以住在其中，生死和涅槃也都是不可得和把握不住的。

世上的眾生太癡傻迷糊了，智慧也更是遲鈍，不能夠明瞭這個至高的真理，更不能使自己證悟到這個事理。所以大乘菩薩們，發生了同體之悲、無緣之慈，對於世上人類生命，不論有無關係，而生了同情救度的慈悲心，自己不住於涅槃，而在輪迴道上來來去去，犧牲個人自我，救度世上的群迷。

這些大乘菩薩們，雖然住在有生的環境，實在無生；雖然入滅，而並未滅。這就是既不執著於生死，也不執著於涅槃。

涅槃與生死，如夢幻空花，皆不可執，如果執著，就是病態的，不對的。知道了這只是病態，能見到本體，再能證入不生不滅，才可以去留自己做主。如果想達到往來自由，去和留都可自己做主，就不是說理可以得到的，必須又通理，又能做到，所謂理事雙致，這就是佛的教化。

儒道談生死

先聖孔子的教化，對於生死的問題說：「未知生，焉知死」。對於孔子這個說法，有許多種解釋，孔子的說法也等於說：一定要知道生是什麼，才會知道死是什麼。很明顯的，孔子認為生死是一件事，就像禪宗所參的話頭一樣：「生從何處來，死向何處去」。如果知道了生從何處來，自然知道死向何處去了。

孔子又說：「逝者如斯夫，不捨晝夜」。道家則說：「生者寄也，死者歸也」；「即生即死，即死即生」。對於生死的問題，儒家和道家的觀點是相同抑不同，見仁見智，留給大家研究。至於詩人所說「悟到往來唯一氣，不妨吳越與同丘」這句話，只是一種曠達的言辭，筆墨的遊戲，偶然與道旨相符合罷了。

不過，文天祥的《正氣歌》對於死生的意義，發揮得十分詳盡透徹，如果不是平素的學問和修養心得，絕不可能有這樣的見地。文天祥從容就義，光耀千秋的舉動和氣魄，定有前因後果，絕對不是偶然的。

佛所談論的生死問題，非常精微詳細，對阿難所說的《入胎經》等，剖析一個人如何入胎，如何每七日一個變化，十個月才能出生等，那種確實細微的程度，比今日的生理學還要周密。在兩千多年以前，生理科學並沒有今日的發展，佛能夠如此詳盡正確的說明生命的開始，說起來，也是很奇特的。

佛法的人生觀

《唯識學》和《瑜伽師地論》等，對於由生到死，闡說的道理很詳盡。密宗有「中陰救度密法」，及六成就的「頗哇」法等，都是明白解說生死的事，包括了生死學說的大成，因為理事太繁複了，在此不多做討論。

佛所討論的人生，是以現實的人生為本位，一個有生命的人（我），是正「業」的存在。人世間的一切和物理世界（物），是一個與（我）相依存在的，物與我同體，是一個本源。這與儒家所說的「民胞物與」是相同的觀念，並且都含有大慈大悲的意義。

《法華經》上說：「是法住法位，世間相常住」、「一切治生產業，皆與實相不相違背」。六祖則說：「佛法在世間，不離世間覺。出世覓菩提，猶如求兔角」。近代的太虛法師有言：「仰止唯佛陀，完成在人格。人成即佛成，是名真現實」。

由以上的經典語錄摘要來看，佛法對既有的人生，應針對現實，犧牲自我，去救度大我之中的眾生。大乘的六度萬行說法，是佛法理論的最高論點。循順六度萬行而行，使人的人格行為達到至真、至善、至美的境界。

佛法所說「緣生性空，性空緣生」的理性，可以使我們的精神超拔出現實的物理形器世界，而昇華到真善美的光明境界。

現實的人生，要到達這種至高的境界，入世的人比出世的人更難了。佛法教大乘菩薩道的修行人們，要具備大慈、大悲、大願、大行的精神，要行人們所難行的事，要忍人所難忍的事。就像地藏王菩薩所發的「地獄不空，誓不成佛」的誓願一樣，要度盡地獄眾生，自己才去成佛，這都是大乘菩薩道的精神。

南泉禪師說：「所以那邊會了，卻來這邊行履，始得自由分。今時學人，多分出家，好處即認，惡處即不認，爭得！所以菩薩行於非道，是為通達佛道」。

藥山禪師說：「高高山頂立，深深海底行」。這不是充分說明了腳踏實地的精神，行人所不能行的事嗎？

坐脫立亡

禪門中的古德，無論在家修行的人，或出家修行的人，在臨死時，或生命有危險時，都是從容不迫，毫不緊張，更沒有任何恐懼，而是在談笑風生中坐脫立亡。這樣的古德們數不盡有多少，他們的一生事蹟，取義成仁的更是不勝枚舉。

有些古德們在不得已的時候，寧可以身殉道，也不願苟生，那種偉大的氣魄，使人產生無窮的感動和敬仰。有一位古德在臨殉難的時候說：「四大原無我，五蘊本來空。將頭臨白刃，猶似斬春風」。短短的二十個字，正可以與文天祥的《正氣歌》相媲美。

永覺和尚說：「歐陽修作《五代史》，謂五代無人物。余謂非無人物，乃厄於時也。至若隱于山林，如五宗諸哲，則耀古騰今，後世鮮能及者。余故曰：非無人物，乃厄於時也」。

這個說法極是。凡禪門大德，達到宗師程度的人，都具有帝王一樣的氣魄，他們的見識學問，人格修養，都可以彪炳千秋，承受後代的仰慕。只因他們無意於世界上的榮華，退隱山林，如果他們能入世的話，必定成為時代人物，能夠擔當重任，臨危授命，而為忠貞偉烈的聖賢。

現簡述禪宗在家修行的居士們，在死生時刻的態度和形跡，有代表性的一些人們，作為參考。

「都尉李遵勗居士，謁谷隱，問出家事。隱以崔趙公問徑山公案答之。公於言下大悟，作偈曰：學道須是鐵漢，著手心頭便判。直趨無上菩提，一切是非莫管。寶元戊寅，遣使邀慈明曰：海內法友，惟師與楊大年耳。大年棄我而先，僕年來頓覺衰落，忍死以一見公。乃書以抵潭帥邀之。慈明惻然！與侍者舟而東下，舟中作偈曰：長江行不盡，帝里到何時？既得涼風便，休將櫓棹施。至京師與李公會。月餘而李公果歿。臨終畫一圓相。又作偈獻師：世界無依，山河匪礙，大海微塵，須彌納芥，拈起幞頭，解下腰帶，欲覓生死，問取皮袋？慈明曰：如何是本來佛性？公曰：今日熱如昨日。即隨聲便問臨行一句作麼生，慈曰：本來無罣礙，隨處任方圓。公曰：晚來倦甚。更不答話。慈曰：無佛處作佛。公於是泊然而逝。仁宗皇帝，尤留心空宗，聞李公之化，與慈明問答，嘉嘆久之。師哭之慟，臨壙而別，有旨賜官舟南歸」。

「文公楊億居士，字大年。于廣慧禪師處得法。有偈曰：八角磨盤空裏走，金毛獅子變作狗。擬欲將身北斗藏，須應合掌南辰後。臨終書偈遺李都尉曰：漚生與漚滅，二法本來齊。欲識真歸處，趙州東院西。尉見遂曰：泰山廟裏賣紙錢。尉既至，公已逝矣」。

「丞相張商英居士，字天覺，號無盡。得法於雲峰悅（事具詳

《指月錄》）。公嘗云：先佛所說：於一毛端現寶王剎，坐微塵裏轉大法輪，是真實義。法華會上，多寶如來，在寶塔中，分半座與釋迦文佛，過去佛，與現在佛，同坐一處，實有如是事，非謂表法。公於宣和四十年十一月黎明，口占遺表，命子弟書之。俄取枕擲門窗上，聲如雷震，眾視之，已薨矣」。（以上皆載《指月錄》）

「參政李邴居士，字漢老。參大慧杲得悟。疾革，以偈寄教忠晦菴禪師，偈和畢，怡然而寂」。

「參政錢端禮居士，字處和，號松窗，從此庵淨發明己事。丁酉秋示疾，修書延簡堂機，及國清瑞巖主僧，有訣別之語。機與二禪師詣榻次，公起趺坐，言笑移時而書曰：浮世虛幻，本無去來。四大五蘊，必歸終盡。雖佛祖具大威力，亦不能免這一著子。天下老和尚，一切善知識，還有跳得過者無？蓋為地、水、火、風，因緣和合，暫時湊泊，不可錯認為己。有大丈夫磊磊落落，當用處把定，如順風使帆，上下水皆可。今吾如是，豈不快哉！塵勞外緣，一時掃盡。荷諸山垂顧，咸賜證明，伏維珍重。置筆顧機曰：某坐去好？臥去好？堂曰：相公去便了，理會甚坐與臥！公笑曰：法兄當為祖道自愛。遂斂目而逝」。

「知府葛郯居士，字謙問，號信齋。得法於靈隱遠。宋孝宗淳熙六年，守臨川，有仁政。至八年，感疾。一日忽索筆書偈曰：大洋海裏打鼓，須彌山上聞鐘。業鏡忽然撲破，翻身透出虛空。召僚屬示之曰：生之與死，如晝與夜，無足怪者。若以道論，安得生死！若作生死會，則去道遠矣。語畢，端坐而化」。

「揚州素庵田居士，世為江都名族。以弟子員屢試不第，遂一意空宗，猛力參究。時何密庵太守，唱道東南，士為入室高弟。鉗錘久之，頓付心印。士乃手握竹篦，勘驗僧徒。四方來學，無不仰其為現在古佛，通國稱田大士而不名。士居城之田家巷，以宅為庵，四方參叩之士，日擁座下。一日與眾禪人茶話，忽然擲杯合掌，別眾而逝」。（聶樂讀按語，謂嘉隆以前，臨濟有揚州田大士一宗，盛行大江南北云。）

「江陰黃毓祺介子居士，久依密雲悟和尚，大有入處。悟化後，同門法嗣諸士，結集《悟和尚語錄》，書問行世。後鼎遷（清兵入關），士被執石頭城獄，越三日，將決矣，作絕命詩曰：劍樹刀山掉臂過，長伸兩腳自為摩。三千善逝原非佛，百萬波旬豈是魔？潦倒不妨天外醉，掀翻一任水生波！夜來夢作修羅手，其奈雙丸忽跳何！以破箋書寄牧雲門禪師，然後坐脫圜中（即獄中也）」。

「太史蔣超虎臣居士，悟緣於金山鐵舟海禪師。後入都，寄書於孝則居士曰：此行良苦，幸早為我賦招魂也！孝復曰：安得便心動，北風有何惡？士請告歸，道經高郵，乃別孝曰：予將浪蕩了此一生！孝曰：何處去？士曰：過得廬山，又峨嶺矣！後果終於峨眉伏虎寺。臨寂留詩一律云：悠然猿鶴自相親，老衲無端墮業塵。直向鑊湯求避熱，又從大海去翻身。功名傀儡場中物，妻子骷髏隊裏人。只有君親無報答，生生一念祝能仁。題畢，趺坐擲筆而逝」。

（以上皆載《續指月錄》）

「張鉦居士，字鳳篪，廣西人（待考）。因父母皆參學禪宗，八歲即有入處。前清時，隨父宦游，後為某縣令主幕。有寡婦受欺於族，訟涉冤誣，某令因受賂，擬曲斷。鞫審次，士坐內室，憤然不平，以手擊桌厲聲曰：天下有此等冤屈事，豈神明所許哉！言甫畢，天際忽起霹靂，擊斷公堂樑木。令驚悸木然，冤賴以白。從此終生無疾言怒色。常云：學般若菩薩，不可妄動嗔心。旋出任川南某縣令（待考），有仁政。一日坐堂審案，吏報夷人反，兵已臨南門。士曰：無恐，我已有卻敵策矣。即親出率勇卒與夷人戰，敗之，追逐數十里。眾返城，而士猶坐堂問案未輟，人驚為神。自顯神通後，不肯留任，即辭官遯去。晚年，隱於蜀之新都桂湖畔，茅屋三椽，破釜啜粥，優游卒歲。新都距成都四十里，常徒步晉省，訪諸禪人。一日暮歸，出成都北門，過毘河；河闊甚，誤墮水中。及旦，有舟過，見河中有人，頂出水面，從容而動。亟拯之。見是居士，手持念珠，口喃喃宣佛號不輟。詢之何以在水中？曰：不知也！我惟覺仍在坦途中行耳！有法國神父某，慕名訪之，與論義，折服甚。一日，某神父攜西藥『殺蟲劑』一瓶過士。曰：服之必戕命。士曰：有是哉？我願嘗之。堅阻不顧。飲盡一瓶，談笑自若，唯略感倦容，移時如故。神父驚異讚嘆久之。民國肇建，士喜甚，趨成都，行市中，左右顧盼，中途即洒淚而返。曰：今後世將大變，蒼生苦甚！我必再來也！不一月果歿。其著作，成都志古堂有刻板。抗戰初，其長公子任成都高等法院首席檢察官。當訪問士之遺事，曰：家父在日，視一切眾生如子女，唯視我輩子女如一切眾生，他不悉也。又聞士於其長子，不惟鍾愛，且常敬之如對大賓。人詢其故，曰：其為我祖再來身也，不敢以異世易之」。

關於張居士之事蹟，常聽吾師鹽亭袁公，及成都謝子厚老居士說到，言之極詳。蓋皆親沐法化者。時代變遷，他的遺書失散殆盡，特別附志，以備他日參考。

前面所列舉的公案，都是禪門居士們，在生死時刻的事蹟。《易經》上說：「裁成輔相」、「參贊天地之化育」，便是指示人們生命的責任。在我們生存的這個娑婆（指有缺陷的涵義）世界中，一個人的責任，就是盡人事來彌補這個世界的缺陷。所以，每個人都應該盡自己一份力，以求能夠有利於他人，在家人應該如此，出家人也是一樣的有這個責任。

能夠學佛真是幸運，更幸運的是能夠參禪，參禪有了成就，怎麼能夠只管自己清淨舒服呢？

在家修行的人，比出家人困難太多了，可以說步步艱難，福德的問題，資糧的問題，想修行真不是一件容易的事。尤其是眼前的妻兒親友們的應對周旋，處處都是與修道背馳的力量和環境，開眼閉眼，都是障礙修道的人和事，如果想從這個困難的環境磨練出來，打出來，是需要多麼大的力量！

所以永嘉禪師說：「在欲行禪知見力，火中生蓮終不壞」。在到處充滿了欲望的世界中，修行就像火中培養出蓮花一樣，哪裡是一件容易的事呢？

現在國家多難，是最艱苦的時代，希望學人努力用功，進德修業，等待天心的轉換。這裡所說在家修行更難的道理，並不表示在家學佛，比出家學佛好，而是說在家修行的困難。

出家修行，可以一意專修，專心向道，身為人天師表，沒有世間雜務消耗身心的煩擾，時時刻刻，處處念念都在定慧之中。等到臨終時，悠然解脫而去，就是平常修行的成績，比在家修行的人，工力深厚多了。

舉例來說：

「隱峰禪師，鄧氏子，相傳皆呼為鄧隱峰。臨化時，先問眾曰：諸方遷化，坐去臥去，吾嘗見之，還有立化也無？曰：有。師曰：還有倒立者否？曰：未嘗見有！師乃倒立而化。亭亭然其衣順體。時眾議舁就荼毘（火化），屹然不動，遠近瞻視，驚嘆無已。師有妹為尼，時亦在彼。乃拊而咄曰：老兄疇昔不循法律，死更熒惑於人。於是以手推之，僨然而踣。遂就闍維（火化），收舍利建塔」。

「華亭性空妙普庵主，得法於死心新禪師。嘗有偈警眾曰：學道猶如守禁城，朝防六賊夜惺惺。中軍主將能行令，不動干戈致太平。紹興甲子冬，造大盆，穴而塞之，修書寄雪竇持禪師曰：吾將水葬矣。壬戌歲，持至，見其尚存，作偈嘲之曰：咄哉老性空，剛要喂魚鼈。去不索性去，祗管向人說。師閱偈笑曰：待兄來證明耳。令徧告四眾，眾集，師為說法要，乃說偈曰：坐脫立亡，不若水葬。一省燒柴，二省開壙。撒手便行，不妨快暢。誰是知音，船子和尚。高風難繼百千年，一曲漁歌少人唱。遂盤坐盆中，順流而下。眾皆隨至海濱，望欲斷目，師取塞舁水而回。眾擁視，水無所入。復乘流而往。唱曰：船子當年返故鄉，沒蹤跡處妙難量。真風徧寄知音者，鐵笛橫吹作散場。其笛聲嗚咽。頃於蒼茫間，見以笛擲空而沒。眾號慕，圖像事之。後三日，於沙上趺坐，顏色如生，道俗爭往迎歸。留五日，闍維，舍利大如菽者莫計。二鶴徘徊空中，火盡始去。塔於青龍」。

上面的兩個公案，是敘述一些禪德們奇特風趣的坐脫立亡方式，像這類的例子非常多。雖然，禪宗所重視的是正知正見，並不斤斤計較如何坐脫立亡，但是，這也是修行人工夫的表現。

除了禪宗修行人以外，許多修淨土法門念佛的人，也有許多能夠預先知道自己要去世的時間，在時間來臨時，很輕鬆自在的去了。這種死亡，稱為悠然坐化，凡是能夠專志在定，一心不亂，用功時間久了，自然可以達到預知時至，悠然坐化的境界。

這種工用，是日久積成的，修行人但問耕耘，不問收穫，一定會早晚達到。但是，工用和見地並無絕對的關聯，工用的程度可以到達坐脫立亡的人，也許並沒有明心見性，如果見地和工用都達到圓滿，當然是最好不過的了。

有的醫生說：坐脫立亡的這類人，都是腦溢血而死。其實，這話並不能算對，因為腦溢血而死的人，必定昏迷在先，不省人事；而坐脫立亡的修行人，臨死之前，都是談笑自若，從容而去，哪裡會是病態的現象呢？

等到死後，神識遷離了身體，形軀萎縮變化，如檢查發現腦溢血，也是自然的事，何況也不一定個個如此。一個人如果在臨終時，能夠毫無痛苦的，很快死去，就算是因為腦溢血的緣故，也是人生最後階段的大自在，比起那些臨終呻吟迷亂的人，實在好得太多了。

入定和死亡的區別

禪定工夫很深厚的人，有時偶然進入空定，或有呼吸停止，脈搏停頓的現象，頗似死亡，實際上，這是一種入定的現象，並不是真的死亡。外行人不知道，往往認為入定的人已死，就把他火化或埋葬，這實在是大錯而特錯。像這樣冤枉而死的修行人，不知有多少，真令人感嘆。

遇到這種情形，要考慮到修行人平生的定力，以及平日行徑作風，再小心仔細的判斷，是不是入定。修行人應該經常準備一個「擊子」，俗名「引磬」，平常就要囑咐其他修行的道侶，逢到入定的時候，用引磬在入定人的耳邊輕敲，慢慢的輕呼，即可出定。如果仍不出定，而且發生奇特的現象，那才是真正的死亡。這件事極為重要，應該特別小心才是。

談鬼神

有人或許會問：那個存在於生死之間的，通常說法，都與鬼神問題有關聯，到底對不對？從佛法的立場，所說的鬼神，是指六道中的天道、修羅道或鬼道。一般人所說人死後為鬼，在佛法上稱這個階段的存在為中陰身，或稱中有身，意思是捨掉了人身之後，還沒有進入另外一道之前的中間存在。習俗的說法，稱這一個階段為鬼。

佛法的最高原理，是破除迷信的，雖然有六道輪迴，及天堂、地獄的說法，但是這一切都是三界萬有本體所產生的變化。這個宇宙萬有本體的功能，在人來說，就涵同於心性之中，所以說「三界唯心，一切唯識」。《華嚴經》上說：「若人欲了知，三世一切佛。應觀法界性，一切唯心造」。佛法上所說三途六趣，及九幽十二有的分析，歸根結底，都是同體心性所變化出來的。

瞭解這個道理，就瞭解生死的說法，鬼神的情狀，都和《易經．繫辭》上所說的一樣：「仰以觀於天文，俯以察於地理，是故知幽明之故。原始反終，故知生死之說。精氣為物，游魂為變，是故知鬼神之情狀」。一切都是唯心所造的變化而已。

有人也許會問，既說一切唯心造，那麼，鬼神六道的說法，都是虛妄的嘍？這也不對，不過其中的道理很繁複，暫且節錄智藏禪師的話來說明：

「有一士人，問智藏禪師曰：有天堂地獄否？師曰：有。曰：有佛、法、僧三寶否？曰：有。更有多問，盡答：有。曰：和尚恁麼道，莫錯否？師曰：汝曾見尊宿來耶？曰：某甲嘗參徑山和尚來！師曰：徑山向汝道作麼？生曰：他道一切總無。師曰：汝有妻否？曰：有。師曰：徑山和尚有妻否？曰：無。師曰：徑山和尚道無即得。俗士禮謝而去」。

這一段問答雖然很簡單，可是道理卻很深遠。

照這樣說來，一切的求神拜佛、祈禱，以及冥冥之中神話等迷信，都是合理的嗎？關於這個問題，也另有解釋。首先談到迷信，凡是對於一個真理，不加清楚的瞭解和證明，就無條件相信的，都是迷信。在佛法上說，不能夠親自證到的，理也不明瞭的，也歸入迷信之列。

譬如說，前面有梅可以止渴的這件事，大家都相信前面有梅，事實上有沒有梅，還不知道，可是大家都相信了。世上這類事例很多，都是迷信。

所以，佛法重視透澈明瞭道理，自身又可以行證，如果一些比較愚昧，不容易明理的人，用迷信的方法先達到精神的寄託，漸漸的也可以走上向善的路，這種迷信也算是好事。

作一個人也不必一定要知道所有的事，因為人是不能盡知一切的。莊子曾說過：「生也有涯，知也無涯。以有涯之生，窮無涯之知，殆矣」。想以有限的生命，去瞭解無限的知識，似乎是很困難的，所以，作一個人，只有常常培養功德，對鬼神的說法，採取敬之的態度，就是「居敬存誠」的意思。

談功德

如果鬼神來了，不必認真執著，一有執著，就不能自在無為了。為道為學的人，既然不應該染著任何事，對於人世間的功名富貴等，也應該持虛幻的看法，人世間的功名富貴，只不過是一時的權宜變通而已。一個人的功德，就算能夠充滿了人世間，遍及了宇宙，也應該把它丟掉。抱著名立而身退，功成不居的態度，才能夠達到「靈光獨耀，迥脫根塵」的境界。

假如自己的心，常被世上功名利祿所牽繫，貪著功德，都成為障礙修道的種子。所以，一個人，儘管能夠做到立德、立功、立言，三樁不朽的大業，功德比美天地，但是，這也只不過是一個修行人的心和行的本分應當的事。能夠有這種心腸，然後可以親民，才可以入道，才可以達到外王而內聖的標準。

真正談到「道」的本身，連功德都是身外之物，與道毫不相干，功德只能作為修道的一個基礎，作為後世的行為模範而已。

當然，沒有德行的話，不能顯示出道體；沒有道體作為中心的話，功德也就成為泥古不化的事。這中間的道理和取捨，明智的人，自然通達，公正無私，唯德是輔，只要有功德的成就，其他因緣自然順理而至。

儒家「慎獨」，不做欺心的事情，因為懼怕看不見的幽冥之中，還有許多人在繞著你，好似禪門古德所說「無邊剎境，自他不隔於毫端」。自己與他人都是一樣，世界上所有的聖人，無疑的，都是一樣的心情。

其實，「居敬存誠」的態度和行為，也就是禪定的一種修法，日久工夫深了，自然能夠通達神明，對於生死之間，定會灑脫自在，哪裡會再受到鬼神的影響呢！

講到這裡，我們都已經明白了，所以關於功德的事，達摩祖師對梁武帝說：「人天小果，有漏之因」，這是形容梁武帝的齋僧修廟等布施功德，不過是小玩意而已。

但是，我們也不能認為這些功德不對，因為一個人連人天小果都不能達到，更不可能超出而進入大道了。所以，能先從人天乘進入二乘，由二乘再進入大乘，一步一步前進，不要丟前忘後才是。祖師的對答問話，只是對一些特殊的人，在特殊情況下的教導，不可以執著，更不可以把刻豆腐章當做寶印。

中陰身略述

——三世因果　六道輪迴　了生脫死之簡說

佛法的基本，對於三世因果和六道輪迴的可怕，說得非常清楚透澈；佛法的目標，是教導眾生，修習解脫的方法，使眾生能夠達到「了生脫死」，能夠自我控制生死的問題。

所謂三世，是指過去、現在、和未來，代表分段的時間意義。

所謂六道，是指眾生分段生死的種類，代表了無量無邊的空間意義。

在我們討論生死的交替時，為了容易瞭解起見，先由人生的終點開始，說明人死時的現狀與過程。

一個人，由生至死，古人稱為人生的大事。致死的形式有兩種，一種是順天年而老死，稱為善終；另一種是意外的死亡，稱為横折。現將情狀分述如下。

臨命終時的現象

按照佛經的說法，當人在死亡的時刻，就開始了四大分散，也就是地、水、火、風四大身體組合的分散。

地大是首先開始分散的，地大包括了筋、骨、肢體等固體生理的機能。當地大分散的時候，全身骨節四肢，首先感到有重大的壓力，痛楚萬分，然後再進入痲木不仁的感覺，漸漸就失掉了知覺運用的功能。

於是，瞳孔放大了，眼前的東西，都變成兩個或更多個，大的變成小的，小的變成大的，漸漸遠離而不見。

這時，聽覺也在消失，雖然在耳邊的聲音很大，聽起來卻極為遙遠，或者忽然聽到崩裂的巨響，非常恐怖。

在地大分散的時候，如果業命未斷，還可以用醫藥支持，如果業命將斷，醫藥也沒有用處了。

第二步就是水大的分離，水大包括了身體中的液體物質，即血、汗、涕、唾、大小便等。

當水大分離時，身上會出冷汗，或者大小便失去控制，或者聽到波濤巨浪洶湧的水聲，這時的知覺，已漸喪失了。

最後就是火大和風大的分離，火是身體中的溫度暖熱，風是呼吸氣息，火和風互相關聯，相依為命。有氣息的地方，就有暖熱，氣息斷絕，暖熱也下降了，發生冷的感覺，或者會感到一陣寒風，異常懍悸。火大分離的時候，和氣息同時消失。常聽俗語說，人在臨命終的時候，最後一聲嘆息，就是嘆出最後的一口氣，全身的熱力，也就跟著這最後的一口氣消失了。死的情狀，大略如上所述。

中陰身緣起

在死的一剎那間，一個人的神識，忽然像脫皮一樣，與自己的軀體分離了。這時，一切的痛苦都消失了，感覺無比的輕快安樂。

這種輕快安樂的感受，時間卻極為短暫，就像石火電光一樣，立刻就消失了，自己又進入一個死寂的境界，什麼感覺都又沒有了。

過了不知多久，忽然又如夢初覺，從那個死寂的境界中醒了過來，一切的見、聞、覺、知，都又清清楚楚，卻又像在夢中一樣，可以聽見哭泣呼號的聲音，自己回憶起來，才知道已經死了。這時，雖然也像人一樣的有聲音笑貌，但是活著的人，已經看不到自己，也不能感受到自己的存在了。這時的自己，就是中陰身（中有身）階段，也就是俗語所說人死為鬼的鬼身。

中有身是由意識所生，是離開人的身軀之後，尚未轉入六道另外一個生命之前的中間存在身。

依照佛經的說法，中陰身由死寂境界中生起的時間，約為三天半，或者四天，沒有確定的計數。

人死後，在死寂境界至中陰身生起，有幾種現象。

一種現象是忽有一道強烈的光明出現，這個光明，絕不是人世界日月的光，或電燈的光可以相比，這個光的強度極大，照耀強烈，使中陰身產生一種恐怖的感覺。由於恐怖的感覺，中陰身就墜入昏迷的狀態。

在這個光明現前的時候，如果生前常修習佛法，或平生修持戒定慧有成就的人，就很熟悉這個光明，不生恐怖，因為這個光明，和定中常見的自性所生幻想光明相同。

認知了這一點，一念靈明，就可停止自己念力的洪流，寂然融合了這個光明，進入光明本體的無相定中。如果能夠如此，就可以頓斷生死，暫時不會再進六道輪迴之中了。不過，這個無相定的境界，離究竟菩提和無上之果，還遠得很呢。

一般人的中陰身階段，都會隨這個強烈光明而旋轉，有些人，在這個強烈光明照耀之中，回憶起生前或往世的各種善惡行為，一幕一幕，就如世間的電影一樣，自己就會發起一種理性的審判，然後隨業力而轉生。這些都是屬於平生所修的善道，或稍有定力的情況下的現象。

如果是更普通的人，在臨終的一刻，發生許多恐怖和痛苦的現象，意識也跟著慌亂起來，中陰身或者因恐怖而奔馳逃逸，就會受他道的輪轉。中陰身在逃跑時，遇見險峻無底的峭壁，看見各種顏色，一不小心，就墜入峭壁，而進入輪迴了。

墜入白色峭壁，轉生入天道，墜入紅色峭壁，轉生入餓鬼道，墜入黑色峭壁，轉生於地獄道。據說，這三個色道，是由貪瞋痴三種業力所感應的。

有時，有五種不同顏色的光明徑道出現，平時有修習工夫的人，此時就可以區別，白色光徑，是導入天道，烟霧光徑，是導入地獄道，黃色光徑，是導入人道，紅色光徑，是導入餓鬼道，綠色光徑，則導入阿修羅道（魔道）。

除此之外，還有其他的現象發生，例如看見強烈的巨光，其中還夾雜著無邊的火燄，熱騰熾烈的噴射；或看見及聽見可怕的狂風暴雨，交迫而來；或看見種種可怖可畏的地獄現象，醜惡猙獰的鬼物，向自己撲咬而來，閻羅惡鬼，慘形迫害等等現象，心中不免產生恐懼，而要躲避，立即就隨業轉生了。

如果墜於湖中，水面上游著雁類，中陰身就轉生於「東勝神洲」；如果見岸上有牛在吃草，就轉生於「西牛賀洲」；如果岸上有馬在吃草，就轉生於「北俱盧洲」；如果看見房屋中有男女正在做愛，就轉生在「南贍部洲」；如果看見輝煌莊嚴的天宮，心中喜歡而進去時，就轉生到天道了。

以上轉生的形態，都是自心三世業力為根，隨因緣業力條件，決定轉向和環境，這都是根據佛經所說的。

在這個情況之下的中陰身，求生的慾望非常強烈，如果是輪迴入人道的話，此時的中陰身，隨著光象因緣和業力的牽引，看見有男女做愛，就好像磁電的吸力一樣，立刻接近，但是看不見男女的外相，只看見性器官而已。如果對男性產生貪心，就感應成為女性，而凝合男精女血，三緣和合而入胎了，如果對女性產生貪心，即入胎為男。

中陰身入胎後，又進入昏迷狀態，直到十月期滿，再經過一番極大的痛苦，才能光臨人間。在住胎期間，七天變化一次，種種現象，在佛對阿難所說的《入胎經》中，都有詳細的述說。

中陰身轉入人道時，並不完全依照前述的形式。有時，當中陰身感到狂風暴雨來襲，趕快躲避，就因之而投胎。有時是在晴和天氣，因去遊玩林園而投胎。

如果是輪迴入畜生道，中陰身見到畜類做愛，並不知道是畜類，只覺得是與自己一樣的人類，隨業力感召，就投胎入了畜生道。

中陰身投胎再入世間，環境家庭，窮通富貴，都是隨業力因緣而決定，既無任何主宰安排的力量，也不是自然的力量，都是因緣業力所生。業是由心所造，在三世的時間中，無邊的空間中，六道的輪轉，都是自心體性所變化的表現。因累積的業力不同，個別果報也不相同，所以，業力是因，六道的不同為果。

在輪迴的旋轉過程中，有一種例外的情形，是不經過中陰身階段的，那就是最善及最惡的兩種人。

惡業極深的人，命終之後，立刻進入地獄道，而不經過中陰身階段。

善業成熟的人，死後立刻進入天道，也不經過中陰身階段。生前修習淨土法門的人，或專心一志往生他方佛土的人，臨命終時，能一心不亂，就會應念往生天道。

意識所生的中陰身，每七天經過一個生死昏迷，頂多到七次生死昏迷，一定再入輪迴。也就是說，四十九天以內，一定會轉生。

如果轉生入鬼道，屬於阿修羅或餓鬼，則仍可記憶以往多生的事情，所以俗話所說鬼神能記前生，是有原因的說法。

中陰身沒有有形物質身體的限制，所以，中陰身產生後，立刻具備五種神通力，但沒有漏盡通。只是五通力量的強弱，每人不同而已。

具備五神通的中陰身，可以自由自在到任何地方，只有兩個地方不能去，一為菩提道場，一為產門。因為，如果中陰身進入菩提道場，就是得了無漏的正覺，成佛了。如果進入產門，就是入胎轉生，脫離了中陰身階段。

中陰身的神識力量，極為自由自在，不受任何山河金石，或空間距離所阻礙，在一個大千世界範圍中，可以隨意往來，只要一念想到哪裡，立刻便到了那裡。

在中陰的境界中，有許多中陰身存在，如果因緣的關係，那些業力相同的中陰身們，也可以相見，就像人世間人們相見一樣。中陰境界，只可以聞見氣味，所以只能以香嗅為食物。這個中陰境界，沒有太陽和月亮，所以沒有日夜的分別，經常都在似明似暗的光線中，像天亮以前，又像日落後的黃昏景象。

如果轉生於天道，自然會有各種神通，對於自己的以往，都會知道。不過，這種天道的神通，也是有限的，而不是無限的神通。

人在臨命終的時候，直到中陰身將要生起時，按照佛經的說法，可以預先驗知這個人輪迴到哪一道。如果是由下部先冷，頭面或眼部熱力最後才變冷時，就是轉生於天道，或者阿修羅道。

不過，這兩道也有區別，如死時狀況吉祥平靜，或者臨終潔淨，或者是無疾而終，就是轉生天道。

如果臨終時有嗔恚忿怒的樣子，就轉生於阿修羅道。

死時，心胸部位的熱力，最後才散滅消失，現象也算不錯，而對人世間仍有留戀的意思時，就再轉入人道。

如果，死者腹部的熱力，是在最後消失時，就轉生餓鬼道。

如係膝部的熱力最後消失，則轉生畜生道。

腳心熱力最後消失，即入地獄。

另外，凡是轉生於餓鬼、畜生和地獄等下三道的人，臨死的時候，或昏迷狂叫，或屎溺滿身，狀態最為醜惡。

至於橫暴夭折死亡的人，在驟然發生的情況下，雖然沒有特別的現象，但是轉生和中陰身的道理，也是一樣的。所以佛的戒律，對於在臨命終時候的人，不可以為他沐浴移動。因為，表面上這個人是死了，實際上餘命未斷，知覺還沒有完全喪失，遇到觸動，極為痛苦，但痛苦又不能用言語表達，心中會起煩惱嗔恨的念頭。

又佛禁止對死者悲號，一方面因為生死是必然的事，哭叫也沒有用處；一方面因為中陰身見、聞、覺、知都存在，哭叫擾亂死者的意念，難免也使死者產生嗔恨煩惱之心。

最好的方法幫助死者，是在他的耳邊或頭頂上，輕輕的為說法要，囑咐他提起正念，心中念佛求生西方。如果平時對佛法薰修有素，或念佛專心的人，臨終由頭頂超出就可隨念往生佛國，不在此例。

關於生死之間和中陰現狀，可以參考「唯識」諸論，以及西藏密宗的中陰救度密法，以及六成就法（這兩種有美國伊文思溫慈博士纂集，張妙定居士譯本），以及佛對阿難所說《入胎經》等。

生死決疑

唯物論的看法，和一般世俗的觀點，都認為人死就像燈熄了一樣，認為因果業報的說法，是不能存在的，對於這種見解，佛法認為是片斷的見解。

有人或許會問，如果真的是有三世及輪迴，為什麼我們自己都不知道呢？事實上，世界上有許多轉世不迷的例子，可以證明輪迴和三世的說法絕對正確。但是，轉世不迷，仍知道自己前世的人，說出來也被人認為荒謬，很少有人會相信；就算有人相信，也不可能使所有的人都相信。

按照科學的說法，也有質量互變的道理，何況科學仍然天天在進步中，不能將任何事都認作不變的真理。對任何事都要抱有「可能」的看法。何況現代的學者，也有靈魂不滅的說法。

要明白這一點，先要瞭解佛法中的業力問題。前面〈生死之間〉一章中，已談到了業力，業力也就是念力。

業的性質共分為三類，即善業、惡業及非善非惡業三種。

業就是事的意思，是由心意識所生，舉凡一切有意識思惟的言行動作，都稱為業。西洋哲學家笛卡兒，見解達到了這一層，而說「吾思則吾存」，這個吾思吾存的意思，就是說，業力就是念力。

佛法認為，人與宇宙萬有同體，這裡所說的「體」，就是心物一元本體的體性，在人類說來，這個體性就包涵在一心之中。

人身是「心」的附庸物，佛說身是依附於心的依報，所以身就是「物」。

體性具足一切，能生萬法，既然人與宇宙萬有同體，所以心身也是一樣的具足一切，也是一樣的能生萬法。

既然說心身也是一樣的能生萬法，那麼人為什麼辦不到呢？這就要歸罪於心意識的念力了，因為我們的念力，好像旋轉的輪子，隨時受外力的吸引和影響，而被外境所局限。

心念的業力，好似電磁的力量一樣，也有相吸相排的作用，電磁是一種物質，性質和作用仍是很單純的。人類的業力，不僅是相吸相拒，當業力強大時，不論同性異性，可以同時吸引，或同時排拒。業力不受時空的限制，隨緣發起而產生作用，當因緣相遇會的時候，中陰身就隨業力而轉生了。

如果勉強用一個科學名辭，來解釋中陰身存在的話，似乎類比純陰性的磁電。英倫菩提學會，曾根據佛法所說，研究中陰的問題，定名為「死的科學之研究」，最後證明中陰確實是存在的，並且認為，男精女血，如無中陰神識加入，則不能受胎等等。

不過，該會對這個中陰，另取一個名字，認為中陰既不是物質，也不是精神，稱它為「超等的電磁波」。這個問題，現在仍在繼續研究中，看將來的新說法吧。

下一個問題是，如果三世因果和六道輪迴是真實的話，為什麼人的生死，自己不能知道呢？

對於這一個問題，我們可以這樣說，一個人連昨天所做的事，還常常忘記，不但經過晝夜就忘，早上的事，也許下午就忘了，我們隨時都在忘記。對於過去的事，能夠記得清楚的像眼前的事一樣，世上能有幾個人呢？

況且，一個人受過刺激之後，或遭遇到很大的打擊和變故，往往心理產生很大的變化，有人會成為癡呆，在近代心理學上，稱為人格變換，這又是什麼道理？

在中陰身經過多次的昏迷後才投胎，入胎又住了十個月，出胎又經過劇烈的痛苦，這些都是打擊和變故，都足以使人忘記以往的一切。

佛說除了善惡二性之外，還有一個不善不惡的性，稱為「無記」性，中陰幾經波折，到了人世，記憶喪失，就入於佛所說的「無記」了。

所以，佛經上說，羅漢有隔陰之迷，經過生死，自己又迷了，像達到聖境的羅漢，轉世時尚且免不了迷忘，普通的人，更是經過轉世就把從前統統忘光了。

如果要達到轉生不迷，轉生後仍能記憶前生，一定要把修持戒定慧，達到一定的深度才行。其中禪定的法門，尤其要靠特別的教授始可，不是一般所能夠推測的。

有人也許會認為，依照科學的說法，人是從演變中進化而來，是遺傳決定了人的心性行為，如說有中陰神識參加入胎，似乎難令人相信。

我們認為，如果是遺傳的因素，為什麼堯這樣了不起的君主，會生出丹朱這種不成材的兒子呢？舜這樣偉大的君主，為什麼會生為瞽瞍這種人的兒子呢？俗話所說「一娘生九子，九子各不同」，這又是什麼原故？同樣的父母，能夠生出九個不同的兒子，遺傳又怎麼能解釋呢？如果說是因為受胎時環境思想的影響而區別，雖有點近似真理，但是仍不算是究竟的澈底說法。

佛的說法，指出入胎時，是人的第八阿賴耶識（種子識），和合了男女精血而成胎的，如果沒有這個神識作為種子住胎的話，這個胎必定會成為死胎而流產。

在嬰兒初生時，只有八識和第七末那識（俱生我執），等嬰兒日漸長大，六根的作用日漸成長，才漸有第六意識和前五識分別產生作用。

所以，第八阿賴耶種子本識，為「親因緣」，男女精血合成形身，為「所緣緣」，遺傳影響等助緣為「增上緣」，生生不已為「等無間緣」，萬事萬物相互影響資生，由因緣遞變互相成為因果。這一切合攏起來，稱為因緣所生，而是無主宰，非自然的。

人與物，都是因緣所生，是非主宰非自然的，但是，宇宙萬有的體性功能，如來藏性的本然，不但是非主宰非自然，也更是非因緣。

這個如來藏性的本然，連因緣都不是，如要給它一個名字，只能勉強稱為「真如」，如照世俗的說法，這個真如，就算是宇宙萬有的主了，這個道理太深玄太微妙，不能不認為就是最高的道理吧。

道家的說法，認為人在母胎時，是一個囫圇先天太極全體，出了娘胎，剪掉了臍帶，一點靈光進入竅中，有人認為這就是科學的說法。其實，科學的學問，一切都是未定，都在改變，何必一定將一切來比科學呢！這不是太迷信了嗎！

就算道家這個說法是對的，那麼先天之性，和後天之性豈不就是一體嗎？如果不是一體，而是兩個的話，就應該各不相干；如果是一體的話，而分為兩個階段，不是仍然是一體嗎？所以，這個說法含糊不清，顯然是後世方士的託辭說法，不值得去辯論。

了生脫死　十二因緣

如來藏性，本來是常常寂滅的，光明也是常住不動的，但是體性光明常寂繼續太久，就靜極而動，一開始了動，就由明而生暗，靈知之性，本來也是光明照耀的，一旦一念動，光明也就變成為無明了。

一、「無明」既然產生，不知道返還於本然的體性，回復寂明，卻隨著念力而行，這就是說無明繼續發展，就連接了「行」，稱為無明緣行。

二、「行」，就是念的意思，也就是識的意思，行繼續發展，連接著「識」，稱為行緣識。

三、「識」，心識遇到適當因緣，就進入生命的階段，心識成為生命是依附於物體而成的，有物體就有名稱，有名就有色，色是物的總名稱，由識而發展到「名色」，稱為識緣名色。

四、「名色」有了以後，就生出六根，所以稱為名色緣「六入」。

五、「六入」發生作用，就有了感觸，稱為六入緣「觸」。

六、「觸」，接觸必有感，連繫起感受，稱為觸緣「受」。

七、「受」，感受太深，必有貪愛，故說受緣「愛」。

八、「愛」就是難捨，必發展到取，故說愛緣「取」。

九、「取」，因為有物才會產生取，所以取緣「有」。

十、「有」，因為有，才會生，所以有緣「生」。

十一「生」，有生就有死，所以生緣「老死」。

十二「老死」又緣無明。

以上是佛所說的十二因緣。十二因緣是一個連鎖，凡是人和一切事物的生住異滅，都可依照十二因緣旋轉不息的定律，加以說明，人世間的生生不已，就是這個道理。

如果想要脫離生的力，必須先結束死的階段，這就是「了生脫死」。如果能夠不生，當然也就不會有死。前面所談到的生死中陰的意義，就是很好的說明。

所以說，十二因緣中的無明緣行，為過去階段的（因）；識至受，為現階段人生的（果）；愛至有，又為現階段的（因）；生緣老死則為來世的（果）。故說：「欲知前世因，今生受者是，欲知來世果，今生作者是」。

不但三世因緣，以及生死之間，都是這樣，就是我們日常生活之中，一念接一念，念念遷流，念念相續，都不出這個十二因緣的因果旋轉範圍。

如果能夠依照佛的教化，去奉行修習，在我們的這一生當中，修行能夠將生緣漸漸薄化，使念力的洪流逐漸切斷，而使自己常住於寂滅定中。

能住於定中，則眼前就可以不生，能夠不生念力，寂滅就現前了，在這個定力繼續不斷的薰習下，所有的業力和習氣，自己就逐漸可以自在的控制了。等到有一天，果報都受完了，色身也脫離了，那時寂然現前，就進入不生的常住定中了。

有了這個工夫，縱然有中陰境界的光色出現，因為生前已熟知這些光色，知道這些光色不過是體性自心所變化。在自性光明寂滅現前時，可以自己做主，既不受無明業力牽引，又可以頓斷念流。既然不再進入無明，也就不會有生，頓時近於寂滅之境。

故說：「諸行無常，為生滅法，生滅滅已，寂滅現前」。這就是大小二乘的最高工用和見地。然而，這並不是澈底究竟的。

究竟的大乘道，是證知本自無生，就算有生，雖生而常寂；本自無滅，就算有滅，雖滅而仍然得生一樣。在生與滅之間，並沒有一法可得，世界上一切萬象森羅，既不可捨去，也不可取得，都是一時的幻化而已，不屬於死生涅槃所控的範圍。

因為不受生死涅槃的限制，所以既不怕生死，也不入涅槃，卻行旅在夢幻的生死大道上，隨著這個夢幻的洪流而行，而常流歸性海，廣度眾生，作一些佛事，自己已經自證自知，生死涅槃都像昨日的夢境一樣。

雖然，這一切並不是可以用思想去思議的，如有一點不確實，就是自欺欺人；如果是有成就的超人，自然冷暖自知，內心明白。如此說來，則「虛空有盡，我願無窮」，世界上的人都極待救度，這裡所說的一切，也都不過是夢中話罷了。

醒與夢

古人說：「浮生若夢」，人生的過程既然像是一場夢，人們睡覺時所做的夢，就等於夢中的夢了。

佛法常將夢當作比喻，古今中外，對於夢的討論很多，《禮記》把夢分列為數十種之多。列子也將夢分類，在《黃帝內經》中，把夢和病也分類研討。至於近代的心理學，認為夢就是潛意識的作用，也有認為夢是心理變態的現象，例如「夢遊症」、「離魂症」等，都是屬於夢的範圍之內。

《容齋洪氏隨筆》，對於古代占夢解說，也有很多的解釋：

「漢《藝文志．七略》雜占十八家，以黃帝、甘德占夢二書為首。其說曰：雜占者，紀百家之象，候善惡之證，眾占非一，而夢為大，故周有其官。《周禮》太卜掌三夢之法：一曰致夢，二曰觭夢，三曰咸陟。鄭氏以為致夢『夏后氏』所作，觭夢『商』人所作，咸陟者，言夢之皆得，『周』人作焉。而占夢專為一官，以日月星辰占六夢之吉凶，其別曰：正，曰：噩，曰：思，曰：寤，曰：喜，曰：懼。季冬聘王夢獻吉夢於王，王拜而受之，乃舍萌於四方，以贈惡夢。舍萌者，猶釋菜也。贈者，送之也。《詩》《書》《禮》經所載，高宗夢得說。周武王夢帝與九齡，伐紂夢叶朕卜宣王考牧，牧人有熊羆虺蛇之夢，召彼故老，訊之占夢。《左傳》所書尤多。孔子夢坐奠於兩楹。然則古之聖賢未嘗不以夢為大，是以見於《七略》者如此。魏晉方技，猶時時或有之，今人不復留意，此卜雖市井妄術，所在如林，亦無以占夢自名者，其學殆絕矣」。

佛法認為夢的起因，大約可分為五類：一想，二憶，三病，四曾更（經驗影像），五引起（未來的事實）。

唯識學的論點，認為夢是獨頭意識的作用，也稱為獨影意識。相當於心理學上的潛意識。

我們的意識具有分別明瞭的功能，但是獨頭意識卻不是清楚明瞭的，所以只是意識的影子而已。這個獨頭意識，只有在睡眠昏迷時，以及靜定境界中，自起作用。現分論五種夢的緣起如下：

一、想夢：思想太過專注的時候，或者與日常生活中的人與事，以及對物質的欲望等，膠著太深，在睡眠的時候，這些事就會呈現在夢境了。但夢境的事，對事物只有一些影射的現象。有時夢境獨影意識，與生理病態和過去的經驗，以及支離破碎的殘存記憶相聯，就構成夢境。最明顯的例子，就是男女的相思，最容易成夢，變成夢裡的相思。這是因為白天相思太深，愛意膠著太牢而成夢的。

二、憶夢：憶和想是很近似的，但是功能上卻有差別。想是意識上所起的思想作用。憶則不須意識上起思想，只是因為在人事物欲及見、聞、覺、知各方面，已養成一種很深的習慣，隨時隨地都在心中掛著這件事，例如陸放翁詩：

老去原知萬事空　但悲不見九州同
王師北定中原日　家祭無忘告乃翁

唐人詩說：

行過疏籬到小橋　綠楊陰裡有紅嬌
分明眼界無分別　安置心頭未肯消

這個心頭未肯消，就是憶念的現象。再如李後主的詞：「剪不斷，理還亂，是離愁，別是一般滋味在心頭」，也是憶念到最深的境界，這些憶念形成的夢，就屬於憶夢。

三、病夢：因為病的感受，而於睡眠時做夢，就是病夢。如飲食停滯，生理的障礙而夢到重魔，或夢到有人追趕，而自己又舉步艱難。如果血液不清，或者體內濕氣太重，則會夢見水。如果生理上有發炎現象，或者體內火氣太重，則會夢見火。如果血液循環太快，體內有風氣重的人，會夢見自己飛翔。如果血壓太高，會夢見自己向上沖。如果血壓低，則夢見自己向下墮。有肝病的人，夢中見青藍色。有心臟病的人，夢中見紅紫色。有脾臟病的人，夢中見黃色。有肺病的人，夢中見白色。有腎臟病的人，夢中見黑色。另外受了恐怖驚悸，會做惡夢；遇到歡喜欣悅的事，就做一個好夢。這統統歸入病態的範圍，這種夢，也可算是憶夢的範圍。

四、曾更夢：前面三種夢的現象，再牽連以往的許多經驗，或者從前許多印象深刻難忘的舊事，都會在夢中重新出現。所以夢中的一切見、聞、覺、知，很少會超過自己知識、經驗以外的。也就是說，夢中所見、所聞、所覺、所知，大都是自己經歷過的事物和人物。偶爾有自己經驗以外的人與事的夢境，則不是用夢可以下註解的了。

五、引起夢：這種夢不是普通常情可以推斷的。這是一種特殊的夢，夢見自己到了完全陌生的地方，遇見素不相識的人，以及從沒有經歷過的事等等。等到相當時間以後，夢中所見的人和事，卻在現實生活中出現，絲毫不差。這種夢有引起預知的作用，這其中的道理，要研究佛法才能明瞭。佛法中說：「三界唯心，一切唯識」、「十世古今，始終不離於當念；無邊剎境，自他不隔於毫端」。澈底瞭解佛法中這個道理，才會明白心意識與如來藏性的用，是具足一切的，是包含了過去、現在和未來三際，以及十方空間的。

瞭解了做夢的原因，自然應該知道，吉祥的夢也好，驚怖的夢也好，都是意識變化的顯現。夢的來因去果，雖然也有些蛛絲馬跡可以追尋，但是並沒有什麼奇特的地方。世間的人，做一個好夢就高興，做一個惡夢就憂懼，其實這兩種情形都是同樣的顛倒。

莊子不是說過嗎？「吾固不知蝶之夢周，抑周之夢蝶」，所以追究夢中的真實真是一件傻事。既然知道是一個夢，這個夢當然已成為過去的幻影了，如果再去考驗夢所顯示的吉凶，等於是「刻舟求劍」。

西藏密宗有一種修法，稱為夢成就法，這種修法，是以夢為入道的法門。夢雖然是一個普通的現象。但是，卻也有許多人是無夢的，譬如被判死刑等待執行的囚犯，一切希望都沒有了，夢也沒有了。

佛道中修行的人，當他們的見地和修養工夫有相當成就時，往往不再做夢，或者雖然有夢，夢中卻清晰得很，一切歷歷，因為他們已經達到了醒夢一如的境地，夢時和醒時是一樣的清楚。

莊子說：「至人無夢」，有人誤認為這句話是聖人無夢的意思。事實上，並不是聖人無夢，而是聖人們達到了醒夢一如的境界。如果一定要說聖人無夢，為什麼釋迦夢到金鼓？孔子夢到周公和奠兩楹？莊周也說夢到自己化為蝴蝶，這豈不都是至人的夢嗎？所以這其中意義非常深遠。

普通所說的夢，都是在睡眠昏迷狀態中發生的。這種將夢看成純粹生理，是否正確呢？到底夢是唯心還是唯物，暫且不去討論。不過所謂夢，是我們在睡醒以後，在五官感覺依然起作用，意識也很清楚時，所能記起來的昨夜的夢。可是夢中的一切，卻都是不可捉摸，也不能控制的，因此才稱它為夢。

其實，在我們的日常生活中，六根（眼根、耳根、鼻根、舌根、身根、意根）的運用，遷流不息，沒有半刻停止。例如眼睛看物，轉動之間就消逝過去了，不是跟夢一樣的過去了嗎？耳朵聽到聲音，鼻子嗅到氣味，舌頭嘗到味道，身體的運轉，意識的思惟，這一切一切，都是剎那消失，沒有停留，不可把捉，不可控制的。日常生活中的這一切過去了，與夢又有什麼不同呢？

一天過去了，夜晚上床睡覺，白天的一切都過去了，自己白天的所作所為，不也就是夢嗎？

過去的不再來，未來的還沒有到，積年累月，一日數時，每分每秒，都在剎那不停的變化，隨時變化，都不會停留，都不能抓住，哪裡又有什麼事什麼法可得呢？

所謂現實，也不過是一剎那間，各種因緣的聚會，緣盡就散了，現實也不會停留，如果你仔細的觀察白天和夜晚交互轉變，就瞭解什麼是夢了。

一個人如果能夠常常保持一種空的境界，就是使自己的意念空掉，像龐居士所說：「但願空諸所有，慎勿實諸所無」。在自己念念之間，能夠做到念頭過去不留，讓它過去；念頭未來，不要去引它；念頭要來時，不要抵制它；現在的念頭不住，不起執著。到了這個程度，忽然三際托空，過去、現在、未來都空了，分別意識不行，思想意識不再像流水一般的流個不停，這時只有前五識面對外境產生作用，而自己在對待處理事務時，好像無心一樣。

換句話說，這個三際托空，意識不行的境界，就是只有五官直接感覺，與內心的分別意識不發生聯繫。到了這種境界，自己的色身，就好像一個真空的球或瓶。這就是唯識所謂的「現量境」，也就是小乘的「人空境」。

在現量境中，一切外境都像夢中一樣，一切山河大地、人物、動作、聲音等，都像是活動電影，與自己無關。

不但外境他物如夢、如幻、如影，就連自己的身心，也和夢幻一樣，所有的動靜行為，雖然一樣應接對待，而並不與自心牽連。

這正是永嘉大師所說的：「恰恰用心時，恰恰無心用。無心恰恰用，常用恰恰無」，修行到此一步，好不快樂！

其實，這也只是夢話而已。必須要「百尺竿頭須進步，空花鏡裡莫藏身」，達到前面所說的境界，修行人還要繼續努力，要能夠「遠離顛倒夢想，究竟涅槃」，才能夠隨緣出世入世，一切自在了。

但是，要達到聖凡情斷、超越佛祖的境地，不是一件簡單的事，還要痛吃辣棒才行。

為什麼要痛吃辣棒？雲門禪師說：「此即為慈悲之故，有落草之談」，如果要明白其中的道理，還要再聽雲門說的話：「扇子踍跳上三十三天，觸著帝釋鼻孔。東海鯉魚打一棒，雨如傾盆」。

這到底是怎麼一回事？讀者們！參吧！

禪宗與教理

前面已經提到，佛法在中國，共有十個宗派，其中除了禪宗以外，其他的九個宗派，都是依照教理以及經律論的學理和規定去進行修證，只有禪宗是個例外。

禪宗是佛的心宗，標明了「不立文字，直指人心，見性成佛」。聽起來，禪宗與其他宗派的修證，似乎毫不相關，有些學禪宗的人，還大大認為研究教理是錯誤的。

豈不知，佛說了一個「心」的名辭，已經便是文字了，而且教理所證的經藏之學，到底算不算也是佛所說的呢？

如果承認這是佛說的，那個所「說」的，記成為經典的，不是也屬於心的作用嗎？而且「心生萬法」，文字不是也屬於萬法之內嗎？

如果說禪宗是不依文字的，試問凡人的言語動作，乃至於默默無語，又算是什麼？如果將它們記錄下來，豈不就是文字嗎？沒有記下來時，也就是沒有成文字以前的文字罷了。禪宗雖然是以動作示法，就像吹布毛啦！瞬目揚眉啦！說起來，這些都沒有離開文字的範圍。

所謂宗，是標示一個教理的主旨；所謂教，是宗旨的建立和發展。如果離開了宗旨，用什麼做根據來教化呢？離開了教理，又如何能表達宗旨呢？

達摩祖師初到中國傳法的時候，同時交付《楞伽經》，作為修行的印證。到了五祖六祖傳心的時候，是用《金剛經》為傳法印證的依據。他們都沒有離開經典。

永嘉禪師曾說：「宗亦通，說亦通，定慧圓明不滯空」，禪宗古德也曾說過：「依文解義，三世佛冤；離經一字，允為魔說」。六祖雖然是個不識字的人，可是他解釋義理的時候，沒有一處不是深入符合經藏之學的。

那些排斥教理的禪宗門徒，認為教理是用不著看的，恐怕這些人只是吊兒郎當，只不過是以馬馬虎虎的態度混淆真如，以糊里糊塗的知見把捉佛性而已。有一句話可以形容這一類人：「通宗不通教，開口便亂道；通教不通宗，好比獨眼龍」。

其實，不僅教理是如此，如果能夠到達明心，就會一通百通，甚至通達的範圍，也包括了五明之學（內明、因明、聲明、醫方明、工巧明），也就是說，教內教外各種學說，無不通達明瞭。

為什麼呢？因為明心見性就與佛同，宇宙間萬事萬物皆由心生，所以森羅萬象，豈不都是由一法所包括嗎？

不過，如果沒有明心，千萬不要馬虎狂妄自許，以免自己害了自己。

由教入禪

以往的宗門古德們，雖然不是個個都從教理開始學禪，可是在開悟前或開悟後，仍都學習教理，通曉義理，而融會了心宗。凡是有名的宗匠，沒有一個不是通澈宗和教的，絕對不是那些心地偏狹，關門自以為了不起的人所能比的。

可是，這些宗匠們在開悟以後，為什麼不去講解教理呢？相反的，為什麼他們要摒棄文字，提倡「直指人心，見性成佛」的禪門宗旨呢？

原來在唐宋宗門最興盛的時代，專講義理的義學座主（現在稱為講經法師）到處都是，像芝麻米粒一樣的多。那時，因佛法興盛，修行的人也極多，所以，開悟以後的宗師，多注重引導修行人向上，而不設講座。一方面也是因為設講座開講的法師夠多的原故。如藥山禪師說：「經有經師，律有律師，爭怪得老僧」。

在目前的末法時代，明心開悟的宗師，一定要同時擔負起講義理的責任，沒有其他的選擇。茲列舉以往由教入禪的修行人，以資參考：

「藥山惟儼禪師，絳州韓氏子。年十七出家，納戒衡嶽，博通經論，嚴持戒律。一日嘆曰：大丈夫當離法自淨，誰能屑屑事細行於布巾耶！後見馬祖而悟」。

「德山宣鑒禪師，簡州周氏子，早歲出家，依年受具，精究律藏，於性相諸經，貫通旨趣，常講《金剛般若經》，時謂之周金剛，後於龍潭得悟」。

「洛浦山元安禪師，早歲出家，通經論。具戒，為臨濟侍者。濟嘗稱之曰：此臨濟門下一隻箭，誰敢當鋒」。

「疏山匡仁禪師，吉州新淦人，投本州元證禪師出家。一日告其師，往東都聽習，未經歲月，忽曰：尋行數墨，語不如默，捨己求人，假不如真，遂造洞山」。

「風穴延沼禪師，餘杭劉氏子，少魁磊，有英氣，於書無所不覩，然無經世意。父兄強之仕，一應舉，至京師，即東歸，從開元寺智恭律師剃髮受具。遊講肆，玩《法華玄義》，修止觀定慧，宿師爭下之，棄去」。

「投子義青禪師，青社李氏子，七齡，穎異非常，往妙相寺出家，試經得度，習《百法論》。未幾，嘆曰：三祇途遠，自困何益！乃入洛聽《華嚴》，五年，反觀文字，一切如肉受串，處處同其義味；嘗講至諸林菩薩偈曰：即心自性。忽猛省曰：法離文字，寧可講乎？即棄去遊方，後於浮山遠禪師處得法」。

「五祖法演禪師，綿州鄧氏子，年三十五，始棄家祝髮受具，往成都習《唯識》《百法論》。因聞菩薩入見道時，智與理冥，境與神會，不分能證所證。西天外道嘗難比丘曰：既不分能證所證，卻以何為證？無能對者，外道貶之，令不鳴鐘鼓，反披袈裟。三藏玄奘法師至彼，救此義曰：如人飲水，冷暖自知。乃通其難。師曰：冷暖則可知矣，如何是自知底事？遂往質本講曰：不知自知之理如何？講莫疏其問，但誘曰：汝欲明此，當往南方扣傳佛心宗者。師即負笈出關」。

前面所列舉的幾位禪師事蹟，都是學習了教理之後，再入禪宗，而能得心法而悟的。許多參禪的居士們，在參禪以前已極有學問，他們都是精通佛法的學人，多不勝數，這裡不再列舉。

難道說學習教理的人，不能夠悟到佛的心要嗎？難道說，習禪宗開悟的人，他的這個法是超越教理的嗎？

如果真認為學教理不能悟到佛心，或者習禪開悟是超過佛法的教理，那就是標準的「魔說」。

要知道，如果能夠開悟，證明悟者一定能深通經藏，其所得的法，實際上並未離開教理的範圍。否則的話，佛法就成為二法了，還算什麼不二法門呢？由學習教理以後，再悟入心法，而後又去宏揚教理的人，也為數不少，茲略舉如下：

「玄沙師備宗一禪師，福州閩縣謝氏子，少漁於南臺江上，及壯，忽棄舟從芙蓉山靈訓禪師斷髮，詣南昌開元通玄律師所受具足戒，芒鞋布衲，食纔接氣，宴坐終日，眾異之。初，兄事雪峰，既而師承之，峰以其苦行，呼為備頭陀。一日，峰問：啊！那個是備頭陀？師曰：終不敢誑於人。異日，峰召曰：備頭陀，何不徧參去？師曰：達摩不來東土，二祖不往西天。峰然之，暨登象骨山，乃與師同力締構，玄徒臻萃，師入室咨決，罔替晨昏。又閱《楞嚴》，發明心地，由是應機敏捷，與修多羅（經藏）冥契，諸方玄學，有所未決，必從之請益。至與雪峰徵詰，亦當仁不讓，峰曰：備頭陀再來人也」。

「圓通居訥禪師，生而英特，讀書過目成誦，初以義學冠兩川，耆年多下之。會有禪者自南方來，以祖道相策發，因出蜀，放浪荊楚，久之無所得。復西至襄州洞山，留止十年，讀《華嚴論》至『須彌在大海中，高八萬四千由旬，非手足攀攬可及，以明八萬四千塵勞山，住煩惱大海。眾生有能於一切法無思無為，即煩惱自然枯竭，塵勞成一切智之山，煩惱成一切智之海。若更起心思慮，即有攀緣，即塵勞愈高，煩惱愈深，不能以至諸佛智頂也』。三復嘆曰：石鞏云：無下手處。而馬祖曰：這漢曠劫無明，今日一切消滅。非虛語也」。

「溫州瑞鹿寺上方遇安禪師，師事天臺，閱《首楞嚴經》到『知見立知，即無明本，知見無見，斯即涅槃』。師乃破句讀曰：知見立，知即無明本，知見無，見斯即涅槃。於此有省。有人語師曰：破句了也！師曰：此是我悟處。畢生不易，時謂之安楞嚴」。

「西蜀鑾法師，通大小乘。佛照謝事，居景德，師問照曰：禪家言多不根，何也？照曰：汝習何經論？曰：諸經粗知，頗通《百法》。照曰：祇如昨日雨，今日晴，是甚麼法中收？師懵然，照據癢和子擊曰：莫道禪家所言不根好！師憤曰：昨日雨，今日晴，畢竟是甚麼法中收？照曰：第二十四時分不相應法中收。師恍悟，即禮謝。後歸蜀，居講會，以直道示徒，不泥名相」。

「建康府華藏安民禪師，初講《楞嚴》有聲，謁圓悟，聞舉國師三喚侍者因緣，趙州拈云：如人暗中書字，字雖不成，文彩已彰，那裡是文彩已彰處？師心疑之，告香入室。悟問座主講何經？師曰：《楞嚴》。悟曰：《楞嚴經》有七處徵心，八還辨見，畢竟心在什麼處？師多呈解。悟皆不肯。師復請益，悟令一切處作文彩已彰會。偶僧請益〈十玄談〉，方舉『問君心印作何顏？』悟厲聲曰：文彩已彰！師聞而有省，遂求印證，悟示以本色鉗錘，師則罔測。一日，白悟曰：和尚休舉話，待某說看。悟諾。師曰：尋常拈槌豎拂，豈不是經中道：一切世界，諸所有相，皆即菩提妙明真心？悟笑曰：你元來在這裡作活計？師又曰：喝敲床時，豈不是返聞聞自性，性成無上道？悟曰：你豈不見經中道：妙性圓明，離諸名相。師於言下大釋然」。

「嘉興府報恩法常首座，於《楞嚴經》深入義海，謁雪巢，機契，命掌牋翰，首眾報恩室中；惟有矮榻，餘無長物。宣和庚子九月中，語寺僧曰：一月後不復留此。十月二十一，往方丈謁飯，將曉，書漁父詞於室門，就榻收足而逝。詞曰：此事楞嚴曾露布，梅花雪月交光處，一笑寥寥空萬古。風甌語，迥然銀漢橫天宇，蝶夢南華方栩栩，斑斑誰誇豐干虎？而今忘卻來時路。江山暮，天涯目送鴻飛去」。

除了上述的幾位禪師以外，還有行思、圭峰、永嘉、本淨、子濬（璿）等，都是先曾研習教理，後來再契證心宗，之後又發揚教乘，說法講經，像這一類的例子很多。

那麼，禪宗為什麼反對鑽研教理呢？說起來，這也是有道理的，因為許多研習教理的人，只顧鑽進墨水文字中，拚命在文字上做工夫，忘記了修行證果的事，等於是泛舟出海，卻忘了歸航回家。修行人如果只玩弄文字教理，不去行證，結果教理是教理，與自己又有什麼關係。等於浪費自己的青春在文字經典上，到老來也毫無結果。

真正禪宗的修行，第一重視事入，就是要做得到，光說是不中用的。禪宗的法門，好像是空手奪人家的兵器，直截抓住要點，是所謂直探驪珠。待到能夠實證其事，可以行證，教理自然就圓通了。

所以，德山禪師開悟以後，就把他自己生平所寫有關佛法的文章，都放火燒掉了，並且嘆了一口氣說：「窮諸玄辯，似一毫置於太虛。徹世機樞，如一滴投於巨壑」。

禪門專搞義理的宗德們，自己不在行證方面下工夫，只在文字中鑽，偶爾在一個字或一句話中，得到一些靈感，就自以為有所得而自誇起來。事實上一天到晚，思想意識都在攀緣不息，還要自誇是「思惟修」，指責別人是狂人，而不知道自己才是一個狂人，實在可嘆。

一個修行的人，如果能夠平息自心，檢討心行，看見真理，則可以立即理事圓融，不會再落入形式了。現在引用淨因禪師的話為證：

「東京淨因繼成禪師，同圓悟、法真、慈受，并十大法師，禪講千僧，赴大尉陳公良弼府齋。時徽宗私幸觀之。有善《華嚴》者，賢首宗之義虎也。對眾問曰：吾佛設教，自小乘至圓頓，掃除空有，獨證真常，然後萬德莊嚴，方名為佛。常聞禪宗一喝能轉凡成聖，與諸經論，似相違背。今一喝若能入吾宗五教，是為正說，若不能入，是為邪說！諸禪視師，師曰：如法師所問，不足三大禪師之酬，淨因小長老，可以使法師無惑也。師召善，善方應諾。師曰：法師所謂愚法小乘教者，乃有義也。大乘始教者，乃空義也。大乘終教者，乃不有不空義也。大乘頓教者，乃即有即空義也。一乘圓教者，乃不有而有，不空而空義也。如我一喝，非唯能入五教，至於工巧技藝，諸子百家，悉皆能入。師震聲喝一喝，問善曰：聞麼？曰：聞！師曰：汝既聞此一喝，是有，能入小乘教。須臾又問善曰：聞麼？曰：不聞。師曰：汝既不聞，適來一喝是無，能入始教。遂顧善曰：我初一喝，汝既道有，喝久聲消，汝既道無，道無，則原初實有，道有，則而今實無，不有不無，能入終教。我有一喝之時，有非是有，因無故有，無一喝之時，無非是無，因有故無，即有即無，能入頓教。須知我此一喝，不作一喝用，有無不及，情解俱忘，道有之時，纖塵不立，道無之時，橫徧虛空，即此一喝，入百千萬億喝，百千萬億喝，入此一喝，是故能入圓教。善乃起再拜。師復謂曰：非唯一喝為然，乃至一語一默，一動一靜，從古至今，十方虛空，萬象森羅，六趣四生，三世諸佛，一切聖賢，八萬四千法門，百千三昧，無量妙義，契理契機，與天地萬物一體，謂之法身。三界唯心，萬法唯識，四時八節，陰陽一致，謂之法性。是故《華嚴經》云：『法性徧在一切處』。有相無相，一聲一色，全在一塵中含四義，事理無邊，周徧無餘，參而不雜，混而不一，於此一喝中，皆悉具足，猶是建化門庭，隨機方便，謂之小歇場，未至寶所。殊不知吾祖師門下，以心傳心，以法印法，不立文字，見性成佛，有千聖不傳底向上一路在！善又問曰：如何是向上一路？師曰：汝且向下會取。善曰：如何是寶所？師曰：非汝境界。善曰：望禪師慈悲！師曰：任從滄海變，終不為君通！善膠口而出，聞者靡不嘆仰」。

看了這一段公案，一定會有人說，這淨因禪師實在太不慈悲了，太吝嗇了，不肯說法。如果他肯說法的話，為什麼要說「任從滄海變，終不為君通」呢？豈不知，這句話正是宗門的機用，這一句話已經是問題的答案了。聽的人如果是迷的話，會認為這是拒絕的回答；但如果是一個悟的人聽了，這正是回答。

有人說：禪宗的宗旨就是：通即不通，不通即通。這種說法只能騙一下無知的人，如果以宗門正眼角度來看，連嗤之以鼻都嫌多餘。

為什麼這樣說呢？現在引用泐潭英禪師與南昌潘居士，二人在雙嶺時所說的話，就可以瞭解了。

「居士曰：龍潭見天皇時節，冥合孔子。師驚問：何以驗之？孔子曰：『二三子以吾為隱乎？吾無隱乎爾！吾無行而不與二三子者，是丘也！』師以為如何？師笑曰：楚人以山雞為鳳，世傳以為笑。不意居士此言相類，『汝擎茶來，我為汝接，汝行香來，我為汝受，汝問訊，我起手』。若言是說，說個甚麼？若言不說，龍潭何以便悟？此所謂無法可說，是名說法。以世尊之辯，亦不能如此兩句耳。學者但求解會，譬如以五色圖畫虛空。鳥巢無佛法可傳授，不可默坐，閑拈布毛吹之，侍者便悟。學者乃曰：拈起布毛，全體發露，似此見解，未出教乘，其可稱祖師門下客哉！九峰被人問深山裏有佛法也無？不得已曰：有。及被窮詰無可有，乃曰：石頭大者大，小者小，學者卜度曰：『剎說眾生說，三世熾然說』。審如是，何必更問祖師意旨耶？要得脫體明去，譬如眼病人，求醫治之，醫者但能去翳膜，不會以光明與之。居士推床驚曰：吾憂積翠法道未有繼者，今知盡在子躬，厚自愛！」

禪須通教

參禪的人，如果輕視教理，將佛法三藏十二分教當做廢物，而只撿些俚語村言、花言巧語來充禪機，真是驚世駭俗。有些人竟把三關解釋為「雁門關」、「山海關」等類，自己還覺得清高得很，實在愚蠢沒有見解，令人嘆惜。

禪宗後世相傳習：「法華楞嚴，把本參禪」，這是把《法華經》《楞嚴經》兩部經當做寶典，比起當初達摩的用《楞伽經》，和六祖的用《金剛經》，又更進了一步。

法華、楞嚴熟悉以後，對於三論、成實兩宗的論著，唯識宗、華嚴宗及天臺宗的學說，卻不一定能夠瞭解。縱然說悟了這個心就等於是佛，但是，關於佛法中的累積三祇大劫所說的理論，菩薩五十三位，天臺宗的三止三觀的修法，華嚴宗的十重玄義，以及唯識宗的五法三自性及八識二無我等高深的學理，和修持的方法與階段，究竟有什麼相同的地方，又有什麼不同的地方，以後如何能夠融通印證，都是很嚴重的問題，絕對不能認為一悟就是佛了，再也沒有什麼事了。

前面所說的各宗派的道理，都要一一通過考驗，稍有一點滯礙不清楚，都不能算是澈悟。如果糊里糊塗，大而化之，只是自招罪過而已，反而不如丟掉了禪宗，老老實實的去依照教理奉行，腳踏實地的修持才是，又何必去參禪呢？

現在的時代，百家學說爭鳴，比佛在世時的印度還要紛雜；比起我們的春秋戰國時代，更是繁盛。如果不能加強學理，融會貫通各宗派的學說，只知道什麼「乾矢橛」、「痲三斤」、「雲門餅」、「趙州茶」之類的話，結果一定是抱著這幾個話頭到死完事，頂多只是自己藏在山中稱佛而已，對於眾生有什麼用處！至於佛所寄望於荷擔大法的事，囑咐正法眼藏的事，又怎麼辦？

有智慧，多見聞，固然會造成所知障，但是話又說回來了，佛法的根本智還算是容易得到的，一般的差別智卻是很難求得的。文字的因緣，雖然是一個人的習氣，但也是一種般若智慧，沒有文字般若，又怎麼能精彩優美的表達意思和教理呢？

舉例來講：六祖說「不是風動，不是幡動，乃仁者心動」。關於六祖的這一句話，宗門中已經傳誦千古。現在我們來想一想，六祖所說的「心動」，是指我們意識的心呢？抑是有另外的意義？

假如六祖所指的是意識的心，那麼禪宗的學人們，如果用功達到身定心空的時候，一切萬緣都寂滅了，這時外境有風動也好，有幡動也好，與他毫不相干，他就會肯定的說他已懂得六祖的意思了，所以他已明心了。

像這樣的結論，等於把禪宗所說的心，認成第六意識的心而已。如果禪宗的心是第六意識的話，儘管這個心沒有念頭，也沒有動，但是心外的一切物，風啊，幡啊的依然在動，這個外境與我毫不相干，那麼，萬物一體的說法就站不住腳了。

佛法的根本，認為山河大地、宇宙萬法，都是阿賴耶識所變。《楞嚴經》說得很清楚：「不知色身，外洎山河虛空大地，咸是妙明真心中物」。這個風動幡動既然是宇宙萬法之內的事，此心也是萬法之內，雖然此心不動，但是風幡仍在飄揚，豈不是兩件事嗎？還說什麼萬法歸一呢？

如果認為這個境界就是心法的究竟，就是澈底，那麼禪宗的心法只屬現代心理學的一部分，怎麼能稱心法為最上乘，為超三界外的無上妙法呢？

這時的風幡和心，與華嚴法界、涅槃妙心，以及唯識法性等學，應該怎麼溝通融會，都是學人們要透徹瞭解的。

即使能夠透徹瞭解了教理，還要行證達到透徹，就是所謂事無礙、理無礙，事理無礙，證到風幡心動的最究竟處又是如何。

像這一類的課題，宗門中的公案，到處都是，如果有一點不能透徹，就不要妄說自己「明心」！

佛法中所說的心，有時候指的是宇宙萬法的本體，有時候它指的卻是妄念。一個字代表著兩個非常不同的意思，真是非常混淆困擾，這是因為當初翻譯時的字彙不夠，疏忽而造成的。事實上，文字語言也很難表達深意，例如馬祖有時說「即心即佛」，有時說「非心非佛」，有時說「不是心，不是佛，亦不是物」，又說「心佛眾生，三無差別」。

從馬祖所說的這幾句話，如果在字句上加以解釋，也就可以用幾何代數的公式，得到一個答案，結論是：這個心並不是第六意識的心，而是心物一元之本體心。

參禪達到開悟，是悟個什麼呢？回答是悟到這個心的用。開悟以後再要行證，是證個什麼呢？回答是證這個心的體。也悟了，也證到了，就是體用都到了自如境地。這時候，可以將用統統攝回歸體，或者將體攝歸到用。不論如何去作，任運作為，都是與道相符合的。所以說，修行的法門有兩種：一種是從法界歸攝到色身，一種是從色身透出法界。

《華嚴經》的方法，是從法界攝色身。

《楞嚴經》的方法，是從色身出法界。

不過，從經典求知的話，就算是悟了，也只是解悟，距離宗門的證悟，還差十萬八千里呢！

佛法中的三藏十二分教，有經律論三者。論是解釋經和律的學問，有些主張重視論藏之學的人，認為論最為重要，可是論是從經和律演繹而來的，所以經和律也是很重要的。

佛法的經藏，真像大海一樣的豐富，如果能將經藏加以分類排列，融會貫通了所有經典的字句，再採用以經來注解經典的方法，最後的結果，一定可以貫通所有的法門宗派，哪裡用得著另外創立新見解，去標新立異呢！

佛法的本體論，借用普通的名辭來說明，就像是最高的真善美境界，像《華嚴經》的論點，以本體為最高的真善美。宇宙萬有的一切，都是本體所產生的用，而生生不已，互為因緣，法爾自然就是這樣，一切都包羅無遺。

《涅槃經》中所講的，是本體的真常寂住，一切萬事萬物無論怎樣變化，都是原始返終，離不了這個真常寂住的範圍；宇宙萬有無休止的生生滅滅，仍是涅槃寂靜中的如如本性。雖然生滅不停，本質上仍是無來無去，無生無滅的。

《大乘起信論》的講法，是以真如代表本體，一切的生滅是用的表現，生滅儘管遷流不息，但是真如是泊然不動的，真的也好，虛妄的也好，在如來藏中都是同體的。

《楞嚴經》的講法，說明本體自性是清淨圓明，而且包裹了十方一切的，宇宙萬有的起用，生滅不息，是本體的病態現象，好像是眼睛有毛病時，會看見金星亂飛一樣，人需要脫離病態的現象，回復自己，返本還元。

其他還有很多的說法，如唯識唯心，敘述心識的變態。一切根塵色法，都是指出心理上的愚昧虛妄。所有真如本性，及涅槃妙心等字句，都是本體的意思。而所謂般若菩提，及轉識成智，意思是代表了正覺。種種說法很多，在此不能全部列舉了。

禪宗所講求的證悟，是證到了心物一元的本體，一定要在證到時，即證悟時，才能達到「心能轉物，即同如來」的境界。

在這個心能轉物的如來境界，並沒有建立任何一個體性，如果有任何建立，這個所立將來都會破滅，因為能立則能破，有生就有滅的道理，這也就屬於教乘的範圍了。依循因明的辯解，有任何不透澈及形象，就不符合禪門的宗旨。

待到心超出了現象之外，沒有形象的拘束，智慧通達了萬事萬物未動之前的境界，物與我兩者都丟棄而忘掉，人法也都超出，連如如不動的境界也掃除了，任何言語文字表示動靜等，統統不能描述形容那個境界。但是，這時卻仍不離一心，所謂「即一切法，離一切相」。

這一個無上的道理和事實，真是不可思議、不可說，終使釋迦在摩竭提國去閉關，無話可說。也使維摩詰在毗耶禁語而不談了。後來靈山會上釋迦拈花，只可算是遊戲而已，還說什麼教派呢！

金聖嘆說得好：「達摩大師，用條短秤，一喝便了；六十四卦釘作長秤，這句在我此卦前，這句在我此卦後，花拳繡腿，一路短打，又手鬆腳快，捉摸不定，大易之文也」。這幾句話，對禪宗與教相的評語，真是妙極了。

禪宗與禪定

「禪」這個名辭，是由梵文「禪那」翻譯過來的音；另外，「禪定」、「禪觀」、「止觀」、「瑜伽」等學，都包括在禪之內。

一個人由凡夫境界博取聖人地位，向上節節修行，直到成佛，都是以禪定為階次等級，一步一步前進的。小乘的從有到空，斷惑證真，也是要經過禪定的程序。連大乘的六度萬行，也是要經過禪定的階段，才能證入般若智海。所以，禪定之學，實在就是佛法的基礎。

可是，禪定並不只是單獨屬於佛學的；一切世間的外道、凡夫，以及出世間法，都修習禪定。所以，禪定是大家共同要修的共法。

修持佛法，雖然離不開禪定，但是，佛法的修持，卻並不是只有禪定。

佛法的不共法，就是說只有佛法才有，也是任何外道所沒有的法，就是「緣起性空，性空緣起」，及「實相無相」的中道正知正見。所以，佛法並不是以禪定為最高宗旨的。

外道修習禪定，是為了生入天道；學佛法的人修學禪定，卻是為了發展無漏智慧，並不是為了生入天道。不過，無論為什麼目的，只要是修習禪定，必須先要從散亂心、妄想心中超脫。這種散心和妄心，是欲界的眾生個個都有的。

外道和佛法，在開始修禪定時，都是一樣的要捨離散漫的妄心，但是修習禪定的最後目標和結果，佛法和外道卻是大不相同的。

禪宗用了這個「禪」字，使人容易誤會禪宗就是禪定，實際上，禪宗並非禪定。禪宗是佛的心法，又稱心宗，最高的目標是證取涅槃妙心，絕對不是以禪定的效果為宗旨，也絕對不可以將禪宗和禪定混為一談。不過，「即一切相，離一切法」，所以也不能將禪定否定在範圍以外。

禪定之學

中國人將梵文的「禪那」，簡譯為「禪」，有人又將「禪那」翻譯為「棄惡」、「功德叢林」、「思惟修」、「靜慮」等等。

在《大乘義章》十三中說：「禪定者：別名不同，略有七種，一名禪，二名定，三名三昧，四名正受，五名三摩提，六名奢摩他，七名解脫，亦名背捨，禪者，是其中國之言」。

禪定的分類和歸納，大致分為：

一、三種禪：世間禪、出世禪、出世間上上禪。

二、四禪：色界四天的四禪定，即初禪、二禪、三禪、四禪。

三、五種禪：四念處、八背捨、九次第定、師子奮迅三昧、超越三昧。

四、九種大禪：即出世間上上禪、如自性禪、一切禪、難禪、一切門禪、善人禪、一切行禪、除煩惱禪、此世他世樂禪、清淨淨禪。

前面所列述的禪定名目，如果再細加分類，可以分列出成千上萬的類別。

說來說去，不論如何分類及歸納，都不過是一個定學而已。

前面這些分類，有的是以定所緣的環境而分別，有些是以定的程度深淺而區別成等級。例如修「止觀」的「六妙門」、「十六特勝」、「通明禪」等修法，因每人根機的不同，修行人以採用適應自己的法門為相宜。

又「瑜伽」的許多觀行修法，也是以能接近個性而任意選擇。

《菩提道次第廣論》，則是依據中觀法，而建立「奢摩他」（止），「毘鉢舍那」（觀）等修行宗派，都是為了學習的方便，使修定的人能夠既不散亂，又不昏沉，定心澄止。

任何修定的方法，不論是什麼名稱，基本上也都是為了達到定的目的；至於方法的細節和區別，大可不必尋根究柢。

現簡單列明禪定的次序，如四禪九次第定之學，對於一切外道凡夫，大小乘及出世和世間的修行人，都是很可適應的。

四禪：

初禪——離生喜樂

二禪——定生喜樂

三禪——離喜妙樂

四禪——捨念清淨

八定，前面的四禪定外，再加上後面的四個定，共稱八定。

空無邊處定

色無邊處定

識無邊處定

非想非非想處定

除了前面的八個定之外，再加上一個滅盡處定，就是九次第定。

九次第定，按照名稱來說，有一種階梯漸進的含義，事實上，這個九次第定，並不是死板的按次序前進的，學習人的進度，很多情形是不照這個程序進步的。

修定的人，因為根器個性的不同，進度自然也不同。有人在極短時間內，就可以達到兩種不同的定境。但是，有人卻在一種禪定的境界，永不前進。

也有人在開始時，立刻就達到了滅盡定的境界，而且不會退步。

修行人達到滅盡定的境地後，日久熟練，工夫穩定而且加深。如果能夠不再有身體的感覺，一切心意識也沒有了，甚之，在最後的階段，可以自己處理了身體，就入於空寂，這就是小乘最高的成就了。

可是，滅盡定仍有時間的範圍，因為這個境界仍是在定中，即使能夠在定中經過億萬年，終究仍有出定的時候，所以，這是不澈底的。

真如自性，本來就不是什麼斷滅相，如果真如的功能，可以斷滅的話，就是斷見。況且自性是既不屬於斷見，也不屬於常見，就算修到了滅盡定，仍只算是修行的中途站而已。所以必須要從滅盡定出來，發起大乘菩提心，福德、智慧二者圓滿，方才能夠成就正覺。

如果修行人開始就發菩提心，那麼修行禪定時，九次第定就成為菩薩地，每地進昇的階梯基礎，這時自然也就沒有大小乘的區別了。

禪定是共法

為什麼說修定是一種共法呢？我們試觀察世間的普通凡夫，如要對於任何事稍有成就的話，一定要有集中精力，全力以赴的精神，就是所謂的「精誠所至，金石為開」；也就是佛所說的「制心一處，無事不辦」。一個人，如果沒有專精堅定的毅力，是無法成就世間事業的，這種專精堅定的毅力，就是凡夫的粗獷定力。

譬如科學家專心進行一個實驗的時候，思想進入玄微的境界，雖然泰山崩倒在他的面前，麋鹿在他旁邊作愛，他也不會注意到的。哲學家們在「思入風雲變態中」的時候，更不會知道天地間還有別的事物存在。

其他，如一個人在讀書作畫，思考作詩的時候，都須要進入某種定境，才能夠得到佳作。還有宗教家的統一意志，專精信仰的禱告、存想等等，達到了忘我忘身的地步，自覺已經超越了性靈，產生無比的欣悅，這些都是因為達到了定境所產生的現象。

所以，在思想極端集中的時候，發生了倩女離魂的境況，注意力集中日久，工夫深了，竟然可以入於水火而無礙。連那些畫符念咒的技術，還有催眠術、瑜珈術等等，都是因為達到禪定，專一境性而成功的。

所以，修定是一切修行人共用的方法，並不是哪一派專門獨用的方法。凡夫及外道，雖然不明白其中的道理，不瞭解其中的差別，但是定的工用仍是一個事實，與知道原理與否，並沒有關係。

佛法的修定，在開始的階段，也和其他凡夫及外道修定的派別一樣，但最後的目標，是要得到無漏根本智，這個最高的成就，則不是普通的定所能夠達到的。

修定的方法

一個人要從事一樁事業，必須要仰仗工具，修定也是一樣的，需要仰仗工具，才能成功。一個人生活在世界上，所造的種種善業和惡業，都是仰仗五官和心身而做的。這個五官心身內外，佛法將它歸納為六根（眼、耳、鼻、舌、身、意），和對外的六塵（色、聲、香、味、觸、法），以及實實在在的地水火風空等等。

由六根六塵及地水火風空等，交織演繹成為許多法，每一法又產生許多不同的法，定名分類後，共稱為八萬四千法門。人在這個複雜的紅塵中奔忙追逐，好像不停旋轉的輪子一樣，沒有片刻的休息。

凡是修定的人，要在前面所述的根塵中，隨便挑選一種，先在這方面能夠寧靜下來，能夠專一而不散亂，但又不能昏沉。例如，挑選耳根入門修習的，就要先使耳朵安靜下來，練習不聽，或聽而不覺。

最初練習的時候，要稍加力量，控制自己，日子漸久，不需要用太多力，就能夠純熟自然，而住於專一的境界。自己身體也漸漸寧靜安謐了，心也逐漸集中專一而不再散亂，就好像儒家的知止而後定，定而後靜的境界，最後達到「慮」（思惟修）而後得「致知」，而進入「明德」的境域。

佛法也是這樣的漸次上進，而達於最後的究竟，不過，比起儒家，卻更加的精微。

習定的人，不論用根塵中的哪一種，做為練習的入門，也不論用的什麼方法，但進行的程序，大體上都有一種共同的標準，都出不了四禪八定（九次第定）的範圍。

初禪（離生喜樂），修定的人，一念專精，心身寧靜，一切外境，都不足以干擾自己專精的一念，即可達到心一境性的境界。在這個境界久之，心身必有一番轉變。例如心境不散亂，安止輕快，好像雲開霧散，日出天朗氣清，令人無比的愉悅歡喜。

但要知道，歡喜也是感覺，是心身的覺受，所以不能隨著覺受而轉，只能聽其自然，不去理會，就自然消散了；如隨之而轉，就不能心一境性了。這樣專一的定止下去，就先得到輕安。輕安發起的時候，要把身體調直，忽然由頭頂有些清涼，向下貫及全身，而全身都有溫暖柔軟之感。

此時，身體重累的感受沒有了，不須去加工力，自然到達心一境性，修定的初步完成了。

輕安久久，由粗漸細，感覺上不像初得輕安時那樣了。但因一念專精久了，色身、業力、習氣，已漸轉變薄，六根明利，超過以往，氣質也變了。

接下去，輕安的力道忽然增強，轉入一種樂的境界，超過輕安甚多，就像經典上所說：「菩薩內觸妙樂」。這不是人世間所謂的妙樂可比，如用「如醉如癡」相比，都不足形容其萬一。所以佛曰不可說，因為言語文字會使人執著，反而有礙。

初禪是「離生喜樂」，所謂「離」，是對世間一切善惡、是非、人我、煩惱等等一切，都自然產生厭離之心，不再留戀，心身超脫，有難以形容之樂，樂久則明生，到此，工夫就進入了二禪。

二禪（定生喜樂），在初禪的妙樂境界中，再長久下去，就是樂久「明」生，進入二禪了。繼續修習下去，忽然如紘忽斷，河水斷截的一種「空」無邊際。此刻顯現了「明」（光明，明亮），即進入三禪。

三禪（離喜妙樂），捨掉空、明，意識中似想也非想，覺受尚在，心身觸樂，入於極微細輕妙的境界，安祥又寧靜，如在高峰絕頂之上，萬籟無聲，晴空萬里無片雲。此時，工夫進入了四禪。

四禪（捨念清淨），繼續修習，捨掉一切美好勝境界，住於清淨，心身兩忘，萬境頓閒。以往的種種勝境，到此刻皆寂，猶如昨日夢中之事。再捨掉這一切，即進入滅盡定。

滅盡定是把四禪的一切寂滅以及勝境，都捨棄掉，就進入滅盡定，此時，寂然不動，可經過億劫的時間。到此為止，坐脫立亡，已經都成了多餘的事情，用不著再說了。

定的次第程序，如果配合了菩薩的明智，一起修行，就可一步一步進取，就是十地菩薩地地上升的功德。不過，如果總是沉醉在定中，不能發起智慧，則雖然在滅盡定中經過八萬大劫，仍然需要從無生中轉出，再受生，發菩提心，入正覺智，才能得到究竟。

對於四禪定，另外有一種說法，認為念住是初禪，氣住是二禪，脈住是三禪，捨念清淨是四禪。這種說法並沒有經典的依據，只是以工夫的現象，根據自身實驗而分類的，這種說法只能作為參考而已。

修行人在定中的時候，最容易產生幻覺幻境，在《楞嚴經》中統稱為魔境，並且解說得非常詳盡。

為什麼有魔境

魔境的產生，是由於在定中的時候，六根六塵作用的相互磨盪，而引發了心氣的搏擊，好像兩個石頭相磨擦時，所產生的亮火光影一樣。如果修行人把定中的魔境現象，當做了實在，以為自己得到了什麼妙法，那就會失掉了自己的本心，並且會因為執著而真的入魔了。

如果是外境實在的魔障來了，也可置之不理，只要堅定自己的心，同時也不要起任何愛怖的心理，外魔自然也就平息了。千萬不要自己搬弄光影，以為得到了神通，到那時，不但沒有什麼神通，自己反而落進魔道的坑中去了。

修行人要隨時記住《金剛經》中的話：「凡所有相，皆是虛妄，若見諸相非相，即見如來」。《華嚴經》中說：「若人欲了知，三世一切佛，應觀法界性，一切唯心造」，禪宗古德說：「起心動念是天魔，不起是陰魔，倒起不起是煩惱魔」。

簡單歸納來說，如果能由實驗中得知，一切唯心所造的道理，則此心不要執著於任何根塵色空諸法。能夠如此，在魔境出現的時候，反而能超過這個境界，清涼舒適，更進一步，轉魔成佛，真正能夠達到怨親平等，都成為善眷，哪裡還有什麼魔呢！

依照佛法的修行，一個人由博地凡夫，直到成佛，是要依照教理和行果一定的程序而努力。「教」的意思，是要由多知多聞，而堅定信心；「理」則是要由思考而瞭解，才能得到通達。「行果」是要修慧，才能夠最後證到。如果只在佛學的義理方面努力，只注意註解說明義理，等於是計算別人的珠寶財富，那是不屬於自己的，又有什麼用處？所以，學佛的人，應該採取知行合一的方法，努力修證才是。

佛法並不僅僅是一種學術思想，佛法是不能夠完全由思議而瞭解的，重點是要能夠由實驗而證得。這是一樁超越科學和哲學的偉大實驗的事情，所以，學術思想是不能包括得了的。

學佛的人，常常抨斥魔道外道的學說，認為那是錯誤的說法。殊不知，魔道外道的產生，都是在修定的時候，由於執著幻境而誤入歧途的，有時求道之心太切，反而因過分而產生偏差。但也不可以嫉惡如仇的心理去對待魔外之道，因為那些魔外道也可能認為我們是魔外道呢。

戒定慧三學，是佛遺教中修行的準則，可是，如果要守戒的話，沒有定力就難成功。而如要在定慧方面有所成就，不守戒就沒有辦法，三者是互相關聯影響的。

佛經中，對於定力成就的功德，讚嘆得很多，為什麼這樣重視修定呢？因為如果這個心昏沉散亂的話，所持的戒就不實在，只是有點持戒的味道而已。如果能夠在定方面，達到心一境性，戒德自然嚴肅莊重。「相」和「用」都具備了，則到達心空境寂的程度時，戒德圓滿呈現，自然開發了智慧，由此可見修定的重要。

「淨土宗」的持名念佛法門，「天臺宗」的止觀雙運修法，「禪宗」的觀心參究法門，「密乘」的觀想持咒等等的修法，「華嚴宗」的法界觀，以及「唯識宗」的由現量修入等等，各宗派方法繁多，難以盡述。但是基本入門的方法，都是要擇善固執，由一門而深入，也都是由修定做為入門的拄杖，而依理行事為梯航。

如果不修定力，自己狂心未歇，還自以為是正知正見，那是不可以的。如要修習禪定，必須多讀大小乘以及禪定的經論，還有天臺、唯識、密乘等法要書籍，在此不多贅言。

禪宗與禪定之間

禪宗的宗門中所說的禪，並不是禪定。六祖說：「惟論見性，不論禪定解脫」。六祖以下的宗門中人，對於禪定不是禪，解說得很明白，對於禪定並不是禪宗的宗旨，也評論得很多了。舉一個明顯的例子來解說吧：當馬祖道一禪師未見到南嶽讓禪師時，在山中打坐修定，後來，南嶽讓來了，看見馬祖天天在打坐，就問馬祖：「大德，你每天坐禪，是為著什麼事啊」，馬祖：「為了要成佛」。

南嶽聽了也不再問，就去拿了一塊磚頭，在馬祖房門前的石頭上，磨了起來。大概磨的時間不少了，那一天，馬祖終於忍不住了，就問：「你磨磚做什麼呀」，南嶽說：「磨成鏡子用」。

馬祖聽了，不免大為奇怪，就說：「磚怎麼能夠磨成鏡子呢？」南嶽：「磚不能磨成鏡子，打坐又怎麼能成佛呢？」

馬祖聽了，不免愣了一下，就問道：「那麼，怎麼樣作才能成佛呢？」南嶽：「如果牛拉車，車子不前進，應該打車呢，還是應該打牛？」馬祖聽了沒有說話。

南嶽：「你是學禪定呢？還是學佛？如果是學禪定的話，禪非坐臥，姿勢和定並沒有關係。如果是學佛的話，佛沒有一定的形相，對無住法，應該一視同仁，不應該有取捨」。

由南嶽對馬祖的啟示教育，打破將禪定作為禪宗宗旨的錯誤觀念。後來，根據這些公案，竟有人認為，禪宗的法門，是不需要坐禪的，宗師們只要在特殊機緣環境，驟然悟了，就算沒事了。

其實，人們不了解，古人有些在頓悟之後就沒事的，是因為他們在未悟以前，早就修習禪定很久了，只要看馬祖，和牛頭融幾位大師的公案，就可以了解。又四祖道信和南嶽二師所用的方法，都是在馬祖和牛頭融等的禪定深處，趁機點撥，只輕輕一點，就使他們透出重圍，豁然開悟。既然悟了，就可以休去。如果不是悟前的長久工夫，也不可能一悟就「休」。

所謂的「休」，是一切都息了，這不是一句普通泛泛的言語。後來的學人們，偶然在定中看到一些什麼光影之類，如石火電光一閃即逝，或者偶而得到片刻清淨之念，便認為自己進了無念之門，從此就勃發了狂慧（《楞嚴經》和《楞伽經》中所說的乾慧）。乾慧就是缺乏定力的資源灌溉，於是吊兒郎當，醜態畢陳，就像古德所說：「孟八郎漢（狂妄的意思），又如此去也」。

有些古人能夠言下頓悟，都是因為已經有了幾十年修持的工力，如永明壽禪師所說：「靈丹九轉，點鐵成金，至理一言，轉凡成聖」。

即使偶而有一個上根利器，一天的禪定也沒有修過，但卻能夠言下頓悟，這個人一定是宿根深厚，曾經多劫修持薰習，到此時，因緣成熟，才能夠立地頓超，這種事是不能當做常情看待的。

不過，檢討自己是不是上根利器，應該如人飲水，冷暖自知。如果自己德行不圓，千萬不要自誤前程。古德宗師，如長慶，在廿年中坐破了七個蒲團，最後才能開悟。雪峰三上投子，九到洞山。另外數十年打坐，連覺都不睡的修行人，像米麻一樣的多，怎麼可以說禪宗不重視修定呢？

達到了見地圓滿透澈的時候，定也行，不定也行，都是多餘的話。佛法的威儀，一定要有定才能表達；何況雖然有點見地工用，如果還常有變動，並不穩定的話，怎麼能夠忽略禪定的修持呢？如儀宴禪師，多生修持，雖在這一世開悟，尚且常常修定，在《指月錄》中記載如下：

「衢州烏巨山儀宴開明禪師，吳興許氏子，於唐乾符三年生，誕之夕異香滿室，紅光如晝。光啟中隨父鎮信安，強為娶。師不願，遂遊歷諸方，機契鏡清。歸省父母，乃於郭南剏別舍以遂師志。舍旁陳司徒廟有凜禪師像，師往瞻禮，失師所之。後郡守展祀祠下，見師入定於廟後叢竹間，蟻蠹其衣，敗葉沒脛，或者云是許鎮將之子也。自此三昧忽出忽入。子湖訥禪師未知師所造淺深，問曰：子所住定，蓋小乘定耳？時方啜茶，師呈起槖曰：是大？是小？訥駭然。尋謁括蒼唐山德嚴禪師，嚴問：汝何姓？曰：姓許。嚴曰：誰許汝。曰：不別。嚴默識之，遂與薙染。嘗令摘桃，浹旬不歸。往尋，見師攀桃倚石泊然在定。嚴鳴指出之。開運中，遊江郎巖，覩石龕，謂弟子慧興曰：予入定此中，汝當壘石塞門，勿以吾為念。興如所戒，明年興意師長往，啟龕視師，素髮披肩，胸臆尚煖。徐自定起，了無異容，復回烏巨。侍郎慎公鎮信安，馥師之道，命義學僧守榮詰其定相。師不與之辯，榮意輕之。時信安人競圖師像而尊事，皆獲舍利。榮因媿服，禮像謝愆，亦獲舍利。歎曰：此後不敢以淺解測度矣。錢忠懿王感師見夢，遣使圖像至，適王患目疾，展像作禮，如夢所見，隨雨舍利，目疾頓瘳，因錫號開明。宋太宗聞師定力，加禮延師，師不赴，特以肩輿迎至便殿咨對，太宗深契，尋即乞歸。湻化元年示寂。壽一百十五。臘五十七。闍維白光燭天。舍利五色」。

這樣說來，難道禪宗就是禪定嗎？回答是：對對，錯錯，不是不是，如果禪定就是禪宗，禪宗就進了定學的範圍，怎麼能說是佛的心宗呢？所以，宗師們再三破斥禪定，就是要那些執著禪定的人，解脫對禪定的執著和束縛。如果見解透澈的話，禪定與不禪定，都不是中道的說法，所以溈山禪師說：「祇貴子眼正，不說子行履」。定也好，不定也好，那只是行履，只是日用工夫的事（也稱為工用）而已，如果沒有真知灼見的話，雖然在彈指間可以坐脫立亡而去，或者能夠駐世不老，那也只算是外道之學而已。

例如《指月錄》所載：

「瑞州九峰道虔禪師，為石霜侍者。洎霜歸寂，眾請首座繼住持。師白眾曰：須明得先師意始可。座曰：先師有甚麼意？師曰：先師道：休去歇去，冷湫湫地去，一念萬年去，寒灰枯木去，古廟香爐去，一條白練去。其餘則不問，如何是一條白練去？座曰：這個祇是明一色邊事！師曰：原來未會先師意在！座曰：你不肯我耶？但裝香來，香煙斷處，若去不得，即不會先師意。遂焚香，香煙未斷，座已脫去。師撫座背曰：坐脫立亡即不無，先師意未夢見在！」

「雲居膺禪師，曾令侍者，送袴與一住庵道者。道者曰：自有娘生袴。竟不受。師再令侍者問：娘未生時，著個甚麼？道者無語。後遷化，有舍利，持似於師。師曰：直饒得八斛四斗，不如當時下得一轉語好！」

「歐陽文忠公，昔官洛中，一日遊嵩山，卻去僕吏，放意而往。至一山寺，入門，修竹滿軒，霜清鳥啼，風物鮮明。文忠休於殿陛。

旁有老僧，閱經自若，與語不盡顧答。文忠異之，問曰：道人住山久如？對曰：甚久。又問誦何經？對曰：《法華經》。文忠曰：古之高僧，臨生死之際，類皆談笑脫去，何道致之耶？對曰：定慧力耳。又問：今乃寥寥無有，何哉？老僧笑曰：古之人，念念在定慧，臨終安得亂。今之人，念念在散亂，臨終安得定。文忠大喜，不自知膝之屈也。（謝希深有文記其事）」

由這類記載來說，禪宗中所說的修定，又是怎麼樣？答覆是，禪宗的修定，不離禪定，也不一定靠禪定。經論中說：「不依心，不依身，不依亦不依」。永嘉禪師說：「恰恰用心時，恰恰無心用，無心恰恰用，常用恰恰無」。《頓悟入道要門論》中說：「問：云何為禪？云何為定？答：妄念不生為禪。坐見本性為定。本性者，是汝無生心。定者，對境無心，八風不能動。八風者，利、衰、毀、譽、稱、譏、苦、樂是。若得如是定者，雖是凡夫，即入佛位」。

像這樣的定境，並沒有一定的形相。

又古德說：「有佛處莫留戀，無佛處急走過」。

船子誠示夾山說：「藏身處沒蹤跡，沒蹤跡處莫藏身」。

多參這些話，自然可以通悟禪定的道理，所以，古來的大德，尤其是六祖以下的許多宗師，平時的行止威儀中，都並不執著於禪定。

所謂禪定，並不是專指跏趺禪坐，如果說在跏趺坐的時候，才算是修禪定，那麼，在行、住、坐、臥的四種威儀中，只有坐才算是修法了？其實，宗門中修禪定的人，或者修止觀的人，要在四威儀中，處處薰習才行，也就是說，行住坐臥都在定中。宗門中諸祖語錄，以及教下經藏中，修定的經典很多，在此不再多述。

現代的人，談到禪宗的時候，動輒就以坐禪時間的長短，來衡量別人禪宗成就的程度，這豈不是把禪定當做禪宗了嗎？

這種錯誤的風氣，自元代開始，至今沒有稍減，天下叢林之中，聚集百十個人，群居禪堂中，一年到頭都在打坐。有人是垂頭喪氣，有人是勾背駝腰，有人把禪堂當做休息的地方，還有人利用禪堂逃避現實生活的問題。

這些長年打坐的人，也不會調整身體，弄得一身是病，觀心法門也不得法，永遠抱著一個話頭，參到老死為止。有人還沾沾自喜，以為這就是最高的禪宗了，不知道達摩這一宗派的無上心地法門，已經快被這些打坐的人坐死了。

禪海蠡測語譯上冊

上下冊合售・建議售價・480元

作　　者・南懷瑾

語　　譯・劉雨虹

出版發行・南懷瑾文化事業有限公司
網址：www.nhjce.com

代理經銷・白象文化事業有限公司
412台中市大里區科技路1號8樓之2（台中軟體園區）
出版專線：（04）2496-5995　傳真：（04）2496-9901
401台中市東區和平街228巷44號（經銷部）
購書專線：（04）2220-8589　傳真：（04）2220-8505

印　　刷・基盛印刷工場

版　　次・2014年9月初版一刷
2018年8月二版一刷
2022年3月二版二刷

設計編印
白象文化
www.ElephantWhite.com.tw
press.store@msa.hinet.net
總監：張輝潭　專案主編：林榮威

國家圖書館出版品預行編目資料

禪海蠡測語譯／南懷瑾著；劉雨虹語譯．--初版.—
臺北市：南懷瑾文化，2014.09
面：　公分.
ISBN 978-986-90588-4-1（平裝）
1.禪宗
226.62　103007322